hibi hibi の 台所

asako

はじめに

わたしの人生の中心は〝食べること〟、それも〝美味しく〟です。

ＹｏｕＴｕｂｅ「ｈｉｂｉ ｈｉｂｉ」を見てくださっている方はご存じのとおり、ｖｌｏｇ内のシーンのほとんどが食べ物なのですが、それも必然ということで。

〝食べる〟というシンプルな行為は、おなかを満たすだけじゃなく心も豊かにしてくれる、そんな面が含まれているなあと思っています。

数年前、「暮らしのｖｌｏｇをつくりたい」と思ったのも〝美味しい喜びは暮らしを豊かにしてくれる〟そんな熱いものがメラメラとあったこともきっかけのひとつなのでした。


もともと料理や食べることが特別好きだったわけではないんです。

ひとり暮らし時代はごはん作りが面倒で、外食やコンビニ食に頼りっきり。

それでも一食くらいは手作りのものを食べようと、お昼のお弁当作りだけはなんとか続けていました。

疲れて頭から湯気が出そうなときでも、夜、キッチンに立ち、翌日のお弁当の仕込みをします。ゆで卵をつくったり、玉ねぎを包丁で切ったり。

そうすると、ヘトヘトになりながらも、「ああ生き返る……」なんて思えてきて。

料理の音や匂いで、五感が癒やされることが心地よかったのでしょうね。

その心地よさを辿っていくと、少しずつ少しずつ〝今〟に行き着いたのでした。


「ジュウジュウ」とフライパンで香ばしく焼けるいい匂い、揚げ物をする「パチパチパチ」と弾けるような響き、鍋からゆらゆらと立ちのぼる湯気。

どれもこれも美味しく食べるための前奏のようなもので、美味しい音や匂いに心を浸していると、わたしの五感が心地よく満たされていきます。


そんなわたしの日々の美味しいもの記録。

美味しいものの奥にある、幸せや喜びを一緒に味わってもらえたら！最高にうれしいです。

第3章 季節を食べる「旬のもの」

第4章 「おうちカフェ」でほっとひと息

第5章 「晩酌」のために生きている

第6章 心はずむ「ごほうびごはん」

第7章 手塩にかけて育てる「保存食」

※本文内の太字になっている料理は、p186以降でレシピをご紹介しています。

Staff

デザイン　藤榮亜衣
撮影　北原千恵美、asako
執筆協力　町田薫
撮影協力　hibi hibi の夫
校正　文字工房燦光
編集　石坂綾乃（KADOKAWA）

第1章

元気をくれる「朝ごはん」

ホットサンドは朝イチの幸福

毎朝のお楽しみは、夫がつくる**ホットサンド**。外はこんがり、中はふっくら仕上がったホットサンドからは、朝イチの幸福感がただよっています。

ガーキンス（小さいきゅうりのピクルス）が入っているのがわたしのお気に入り。季節によっては大葉やトマトが入っていたり、ハムを加えたり。たまに、前日の晩ごはんでゆで卵をたっぷりつくったときは、つぶしてマヨネーズ和えにしたものが入っていて、それも特別感があって好きです。

味付けはマヨネーズとケチャップでシンプルに。周りがバターでコーティングされているので、結構ボリュームがあるんです。

食卓でホットサンドをつまみながら、「今日の夜は何を食べようか」と夫と話し合う。わが家の朝ごはんの話題といえば、だいたいこんな感じです。うちにある食材を確認しながら「じゃあ、何がつくれるね」と夜のメニューがここで決定。それを楽しみに、今日も一日がスタートします。

オーカワパンの「パンドミー」に具材を挟んで、バウルーのホットサンドメーカーでこんがりと。

見た目以上にボリューミーなので、4分の1も食べるとおなかいっぱい。朝の幸せな風景です。

創味の麺つゆに、お鍋の茹で汁をちょっと足して濃さを加減。添える薬味は、おろし生姜と刻みネギ、天かすも少々。毎朝食べるうちに、「同じ器の同じ場所に薬味を置き、同じ量を取る」ように。

寒い季節はホカホカ
釜揚げうどん

空気がキーンと冷えて、温かいものが恋しくなってくると、朝食に釜揚げうどんが登場します。茹でたうどんを鍋のままテーブルに置くと、ゆらゆらと立ちのぼる湯気に心がホッと。夫とふたりで取り分けて食べるスタイルです。

食べ方にも自然とルールが出来ていって、最初は生姜を入れて、二すくい目はネギも入れて……という感じで、自分たちの「釜揚げうどんのお作法」にのっとって味変しながら楽しんでいます。もしかして、お茶の世界のお作法も、こんなふうに出来上がっていたりして。

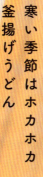

手作りの黒蜜やジャムを添えて、プレミアムな朝に

季節問わず、朝の食卓に毎日登場するのがヨーグルトです。地元、ホリ乳業の「生乳100%北陸のプレミアムヨーグルト」は生クリームのようなミルク感がお気に入り。ヨーグルトには、**季節の手作りジャム**か、黒蜜&きなこをのせて。黒蜜も自家製なのですが、作り方はそば茶ぷりん屋さんを営む友人の直伝です。

ジャムは、フルーツを大量にいただいたり、新鮮なものが手に入ったりしたときにつくります。お砂糖とレモン汁が基本ですが、よく、コンフィチュールみたいな高級ジャムにはスパイスなんかが入っているので、それを模してスパイスを入れてみたら、大人味になって大満足。

シナモンスティックやクローブ、カルダモンなど、スパイスにはそれほど詳しくないので適当なさじ加減。それでも、ちゃんと美味しくなるんだから、スパイスさまさまです。

スパイスの利いたいちじくのジャムや、大好きなゆずの果汁を絞った後の薄皮を煮詰めたもの、巨大な文旦のマーマレード風も美味でした。

黒蜜、きなこは小さな器に入れて。ヨーグルトを食べる直前にかけるのがお決まりです。

黒蜜は、ブロックタイプの黒糖とお水を入れ、丁寧にアクを取りながら煮詰めるだけ。黒糖のミネラル感があって、でも後味はスッキリなところがグッドです（写真左）。旬のいちじくを使った手作りジャムはスパイスが決め手（写真右）。

コーヒー党の朝。夏は水出し、途中からカフェオレ風

朝はずっとコーヒー一筋。わたしにとって、コーヒー豆の芳しい香りは気分を上げてくれる、ザ・アロマなんです。

夏は水出しのアイスコーヒー、冬はホットをいただきます。

豆を挽いて、ハンドドリップで淹れるのは夫の担当。豆のセレクトもすべてお任せです。

最初はブラックで飲み、途中からテーブルにスタンバイしているピッチャーの牛乳を加えて、カフェオレにするのがお約束。

1杯で二度楽しめて、朝から得した気分(笑)。

水出しのアイスコーヒー。水出しは、挽いたコーヒー豆をお茶パックに入れて常温で一晩放置するだけ。しっかりと香りも味も出ています。

季節の実りを器いっぱいに

冬は柿とキウイを器にこれでもかと盛り付けて。夏はぶどうに桃にマクワウリなどをよーく冷やして、暑い季節のエネルギッシュな果汁を楽しみます。

季節の果物はほとんどがいただきもので、「そろそろ熟れてきたかも？」と食べ頃のチェックは日々の習慣でもあります。

特に柿が旬の時期には、義母からもらったり、畑からもいだり。家の果物カゴに入りきらないほど……。ついつい、買う、という概念を忘れそう。

贅沢ですよね。

季節の果物。「もうこんな季節なのね」と旬の実りは“今”を大切に思わせてくれます。

第2章

美味しいを見つける「ふだんの食卓」

FRONTERA
CABERNET SAUVIGNON
KAGOME
カゴメ

食べたいものを食べることは人生を楽しくする

わたしの人生の中心は、晩酌と美味しいものを食べること！と、大げさですが、そう言わせてください。なんといっても夕食は心もカラダもくつろぐ大切な時間。その時間のために、毎日を過ごしているのです。

日本酒からチリチリと出ている泡を眺めながら、「あー、この日本酒、生きてる……」なんて〝今ここ〟の時間に心をとめていると、忙しなかった頭の中も自然とほぐれていくんです。

おつまみもメイン料理も、夫とふたりで、「これが美味しい」とか、「このお酒が合いそう」とか、たわいもないことをおしゃべりしながら、わが家の夜はまったりと更けていきます。

夕食のメイン料理は、朝ごはんの夫婦の会話で決まることが多いのですが、夜になって、そのときのおなか具合だったり、買い物に行って旬のお魚が手に入ったりして、朝の計画がパーになることも。

また、料理をする気分も大切にしています。そのためにできるだけおなかをちゃんと空かせるように、夕食前は間食を抑えて〜抑えて〜。空腹に近いほうが、感覚が研ぎ澄まされる気がするんです。すべては晩酌のため、楽しく食べるため。

空腹を感じていると、「今はお魚（お肉）が食べたいなあ」とか、「カラッと揚がった揚げ物がいい」とか、食べたいものが自然と浮かんでくるので、料理する気分も上々。

自分の感覚に正直に、食べたいものを食べて味わうことは、シンプルに心もカラダも喜ぶことだと思います。人生を楽しくするのは、こんな小さなことかもしれない。

夕食作りも晩酌もわたしにとってはリフレッシュの時間に。
1日頑張った後のごほうびタイムです。

ヨーイドンで、夫婦それぞれ好きなものをつくり始める

晩酌の準備を始めるときが仕事終わりのタイミング。どちらからともなく台所にBOSEのミニスピーカーをセットしてクラシックを流す。夕食作りスタートの合図です。

メインは夫が、おつまみはわたしが担当します。夕食をつくり始めて、夫がメインを仕込んでいたら、わたしは邪魔にならないようにお箸をセットしたり、お猪口を選んだり。猫たちにごはんをあげるのも忘れちゃいけない（これは夫の担当）。

メイン料理は前もって決まっていますが、前菜のおつまみは出来たときのお楽しみ。味がかぶらないように、「この調味料は使う？」と聞いたりしながら、それぞれ好きなものをつくる作業に没頭するのも楽しいひととき。五感を使って料理をしているうちに、デスクワークで疲れた頭もリフレッシュ。オリーブオイルを熱する香りや、トマトを切ったときのみずみずしい断面なんかを見ていると、素直に心が喜んでいるんです。

仕込みや準備が整ったら、前菜を並べて日本酒をセレクト。

いよいよ晩酌のはじまり、はじまり。

お互いの邪魔にならないように、好きなものをつくっていきます。毎日の晩餐を盛り上げるための共同作業。わたしが台所に立つときは、夫は冷蔵庫の在庫をチェックしながら、食材の整理整頓に夢中。わたしはなんでもポイッと冷蔵庫に入れてしまうので、それを直してくれているみたいです。いつもありがとう。

出来立てのメインを食べたくて、自然と出来たお宿スタイル

あらためて思うと、わが家の夕食はちょっと変わっているかもしれません。カッコよく言えば、お宿の夕食のようなコース仕立て。

こんな感じです。

ちびちび飲みながら最初の前菜おつまみを食べ終えた頃、メイン料理をつくり、出来立てほかほかをいただきます。次に、気分次第で小皿のおつまみ、最後に〆の白ごはんでフィニッシュ。

今の夕食のスタイルになるまでは、おつまみもメインもごはんも全部一緒に用意して、どどーんと食卓に並べていました。でも、すべておかずをそろえて、というのがわたしにはハードルが高くて。

何より、お酒を楽しんでいると、ちまちま食べるものだから、そのうちにメイン料理

夫がメイン料理をつくっている間に、わたしはちゃっちゃと片付け。これなら洗い物も溜まらず、夕食後に待ち受ける大量のお皿洗いともオサラバ〜。

が冷めてしまう！ってことがありまして、自然と「メインの仕上がりを待ちつつ、キリがいいところで片付けながら食べる」という今の形に落ち着きました。これが、呑兵衛なわが家にとってぴったりの着地点だったのです。クラシックを聴きながら、ほろ酔いで気分よく片付けつつ出来立てを食べる。

一皿ごとの美味しさを存分に楽しむための欲張りなスタイルです。「毎日の食事を大切にしたい」という情熱の種は、こんなふうに実ったのでした。

わたしの生きがいは日暮れどきの乾杯から

前菜代わりのおつまみからスタートするわが家の夕食。おつまみが出来たら、何はともあれ乾杯です。お猪口をかかげ、お口の中に注ぐ瞬間が何よりも幸せ。「ああ、今日も生きていてよかった」。シンプルな感謝がむくむくとわいてきます。日々の感謝を感じるわたしなりのイニシエーションなのかもしれません。

お漬物や珍味、旬の野菜を焼いただけとか、いつも3、4品を日本酒の周りにはべらせて食卓を盛り上げます。甘〜いマコモダケのソテー、作り置きの蒸しナス、さっと炒めたピーマンの味噌和えなど、簡単なものばかり。ミョウガや大葉、柚子胡椒などの薬味も欠かせません。

何をつくるかは、今ある野菜次第です。たくさんいただいたもの、収穫したものを、傷まないうちに食べ切りたい！というモットーで、献立を考えます。

ただ、いくらたくさんあるとはいえ、同じ野菜ばかりでは飽きてしまうので、味付けや調理法で「自分の食べたい系のおかずに寄せる」のがわたしの方法です。例えば、ナムルが好きなので、にんにくとごま油でなんでも和えてしまいます。ピーマン祭り。きゅうり祭り。

そして、この夕食スタイルになってから、わたしと夫は、食卓に並んだ料理をいつも同じ順番で食べています。3品並んでいたら、「まずはブリとろのお刺身から」みたいに。そうやって同じ料理を同じタイミングでつまみながら、「ブリの脂と、この日本酒の旨みが最高に合う〜！」などと言いながら美味しさを共有しています。いつ何時も飲んで食べることに心血を注いでいます。それが、わたしの生きがいのはぐくみかたなのです。

今宵の夕食の前菜3品。左から、しいたけのソテー、コンカニシン、パプリカの甘酒マリネ。コンカニシンは麹と米ぬかに漬け込んで発酵させた石川県の郷土料理。これがまた、日本酒との相性抜群。

石の上にも三年。の焼き加減

おつまみがなくなると、「そろそろ」という感じで夫がメイン料理をつくりに、席を立ちます。わたしは心の中で「イエ～イ」と拍手喝采。

火入れが得意な夫は、火加減にすごくこだわりがあるようです。ポイントは我慢。よ～く焼き色がつくまで決して触らぬこと。

焼き上がりは外はカリッと、中はジューシー。鶏胸肉なんかも、パサつかずしっとりなのがすごい。

お刺身を切るのも夫。「話しかけたらダメ」みたいな雰囲気を醸し出しながら、包丁をひく姿はまさに職人。断面がとにかくきれいなんです。ピシッときれいな断面って、それだけで美味しさのオーラがプンプンしますよね。

盛り付けも美しく、目でも舌でも楽しむうちに、わたしの心は幸せでひたひたと満たされていくのです。

シンプルな焼き物は火入れが命（らしい）。惚れ惚れする焼き色だけで、美味しさ確定です。

魂が喜ぶ白ごはん

晩酌が進んでくると、たま〜に、途中で酔っ払って何をしているのかよくわからなくなることもあったりします。そんなときでも「〆のごはんを食べないと」と本能が警鐘を鳴らすほどのお米好き。炊き立ての白米の喜びは、魂の喜びなんです。最後にゆっくりごはんと汁物をいただくために、お酒はその前に打ち止め。

お米はふたりで0・8合くらい、毎日食べる分だけ土鍋で炊いています。出来上がった土鍋の蓋を開け、ツヤツヤと輝くお米と顔を合わせる瞬間はいつも思わずスマ〜イル。うれしくて笑顔になってしまいます。

お味噌汁やお吸い物、スープなどの汁物は夫がつくってくれるので、「今日は何が出てくるんだろう」と考えるのも〆のごはんのお楽しみ。ごはんには香の物や珍味を添えて、時にはふりかけをお供にいただきます。

これでおなかも気分も大満足。食道楽、呑み道楽の飽くなき欲求を満たしてくれる「お宿のコーススタイル」は、無事に幕を下ろせます。

土鍋ごはんを器に
盛るときの、お米
のかぐわしい匂い
とツヤッツヤの
粒々にノックアウ
ト寸前です。

わが家の「お宿コース」〆のごはんセット。この日は、お供に焼きたらこと舞茸のお吸い物。

炊き込みごはんの変化球と、美味しい2日目アレンジ

きのこや栗、タケノコなど、旬の美味しいものがあると炊き込みごはんをつくりたくなります。最近はそれにとろろをかけて、山かけ炊き込みごはんで食べるのがマイブーム。

炊き込みごはんを盛り付けているときに、ふと好奇心にかられて「とろろかけてみる?」と、実験したのがきっかけです。

特に、タコ飯のとろろがけは大ヒット! 海の幸と山のとろろって、なぜこんなにも合うんでしょうか。あ、とろろの上に青のりは必須です。青のりの磯の香りが、これまたとろろと合うんです。

余談ですが、先日はいただいた黒豆茶の出し殻を使って黒豆ごはんもつくってみました。黒豆茶をくれた方が「黒豆茶の出し殻を豆ごはんにしたら美味しいよ」と教えてくれたので早速お試し。味付けは、塩とお酒でシンプルに。炒ったお豆の香ばしさがグッドで、上品な炊き込みごはんとなりました。炊き込みごはんが余ったとき、おにぎりに

炊き込みごはんのおにぎり茶漬け。三つ葉をのせれば、見た目も香りも彩り豊かに。

して、翌日おにぎり茶漬けにしたのも美味しかったなあ。

日本茶をかけていただくことが多いのですが、お出汁が残っているときは出汁茶漬けに。お出汁の料亭感が、ちょっといいお茶漬け風になって料亭にトリップできます。

今までのベストマッチは、**きのこの炊き込みごはん**のお茶漬けです。お醤油のお焦げの香ばしさと、添えた三つ葉の香りをお茶でさらさらっと。思わず瞼を閉じてしまうような滋味深さでした。ごちそうさま。

お気に入り焼きそば麺で、ナポリタンをつくる（夫が）

夫がお昼につくる、「**焼きそば麺ナポリタン**」がお気に入り。

麺は、地元・中石食品工業の「太めん焼そば」。生パスタ風の平たい麺で、喫茶店のちょっと茹ですぎのスパゲティっぽくなるのがいいんです、すごく。

もともと、本来の焼きそばで食べても美味しくて好きな麺でしたが、「麺の感じがパスタっぽいね」と、思いつきでナポリタンをつくったら大当たり。わが家のスタンダードメニューに昇格しました。ソーセージとかピーマン、トマト缶があると、「今日はナポリタンにしようか」という感じでつくっています。

同じ麺を使って、日清食品のカップ麺「スパ王」風（たらこ味）にすることも。わたしが「中学生の頃、スパ王のたらこ味をよく食べてたんだよね」とリクエストしてつくってもらったので、勝手にそう命名しました。

麺をオリーブオイルで炒めたら、たらことバターをからめて醤油をたらし、最後にレモンをひと絞り。細く切った海苔のトッピングも必須です。「スパ王」ですからね。

焼きそば麺を炒めてケチャップとトマト缶で味付け。
本格的な（!?）喫茶店ナポリタンの出来上がり。

喫茶店スパゲティに擬態する「太めん焼そば」。平たい麺ともちもち感がいいんです。

お米大好きと言いながら、実は麺食いなんです

麺をすする。その行為ってなんとなくカラダが浄化される気持ちになります。新しい空気も一緒にすすっているからかなあ。なのでわたしは麺類が好き。

うどんは、朝ごはんでも食べる川田製麺の讃岐うどん。ラーメンは即席棒状麺のマルタイラーメンがお気に入り。そうめんやお蕎麦はいろいろ試していますが、旅に行ったときは地方のお蕎麦を買ってきます。以前、岐阜県の流葉《ながれは》というところの十割蕎麦を買って帰り、盛りそばで食べたのですが、とても美味しくて。乾麺だけど、風味が豊かで噛むほどに甘い。再訪したときに思わずリピートしちゃいました。

麺類用の中鉢は渋い色味の器を使っていましたが、麺やお出汁の色がわかりにくいのがちょっと難点で……。麺もスープの色も映える明るい色の中鉢をずっと探していて、最近ようやく理想的な器に出合うことができました。大谷桃子さんという作家の白い中鉢で、バナナの葉っぱがモチーフになっているもの。

それ以来、渋い色の器はラーメン用に、それ以外は白い中鉢を使っています。

やっと出合えた、大谷桃子さんの中鉢。緑の葉っぱが印象的で、かけ蕎麦が映える〜。

わが家ではいろいろなバリエーションの乾麺を取りそろえています。なんといっても、収納場所を取らないのがいい。うどんとラーメンはこれ一択のお気に入り。お蕎麦は十割蕎麦が好きですが、地方で見つけるご当地蕎麦にも目がありません。

スパイスのいざない

夕食は和食がメインですが、1か月に2、3回はパスタやカレー、アジアンなごはんが並ぶこともあります。暑くなると、「そろそろスパイシーなものが食べたいね」とありったけのスパイスを取り出し、スパイスカレーをつくります。

スパイス系メニューで最近ハマっているのがビリヤニです。お友達のおうちでごちそうになったビリヤニが本当に美味しくて感動。それがわが家の味のベースになっています。いわゆるスパイス炊き込みごはんなのですが、パラパラだけどしっとり。魅惑のスパイスごはんなのです。

レシピ本も買いました。世界中のビリヤニを紹介しているビリヤニ太郎さんという方の本が読み物としてもおもしろくて。それを見ながらいろいろ試してみた結果、「ふつうの**チキンのビリヤニ**が一番好み」というオチも。

元々スパイスカレーはたまにつくっていたので、ビリヤニ用に買い足したものはほんの少し。あとは、バスマティライス（細長くて粘り気の少ないお米）を用意すればＯＫ。

わが家のビリヤニ。おうちでつくったほうがたっぷり食べられるし、試行錯誤しながら好きな味にアレンジできるのも醍醐味です。お友達にごちそうしてもらって以来、自分たち好みの味を探していろいろなお店を食べ歩いたことも。

パクチーも、モロヘイヤも、付き合ってみないと

わたし、実はパクチーがあまり好きではありませんでした。でも、なぜか義母はわたしがパクチー好きだと思っていて、苗から育ててくれたんです。「せっかくつくってくれたものを食べないのはもったいない」と思って食べ続けていたら、そのうち美味しく食べられる料理法がわかってきて。今では大好物になりました。

きっかけは、パクチー愛の強い人が「一番美味しい」と言っていた、タイの**ラープムー**という料理を知ってから。パクチーとナンプラーとレモンと青唐辛子、それに豚肉を混ぜた料理がとても美味しくて。もう永遠に食べられます。

モロヘイヤもはじめはネバネバに慣れなくて苦手野菜でした。それでも大量にいただくので、ずっと食べ続けているうちにある日、「茹でるときの青い香りが心地いいなあ」と思い始め、それからだんだんと好きになっていきました。

「ちょっと苦手かも」と思っていたのに、「こういう面もあるんだね」と知る喜び、と言いましょうか。人も食べ物も、付き合ってみないとわからないことってありますね。

パクチーたっぷりのラープムー風サラダ。紫玉ねぎと青唐辛子の辛みがイイ。パクチーにはナンプラーとレモンが合う、ということがわかったのも、この料理を知ってから。

〜イッツアお漬物ワールドのしあわせ〜

お漬物が大好きなので、わが家ではいつも何かしら漬けています。ぬか漬けや味噌漬け、浅漬け、粕漬け、甘酢漬け等々。お漬物は前菜にも、〆のごはんのお供にもなるし、野菜だし、発酵食品だし、といいことずくめじゃないですか。道の駅に寄れば、その土地ならではのお漬物をゲットするのも鉄板です。

実は、ぬか漬けは、わたしの弟がしていると聞いてびっくり。そんな気軽なものなの？ じゃあ姉もするよ、と漬け始めました。数日放置しても意外と大丈夫。味噌漬けも、ふだん使いのお味噌に野菜を切って漬けるだけ。大根の間引き菜などの葉物野菜をいただいたときは、夕食をつくるときに塩を振っておき、翌日の簡単おつまみに。水気を絞って、ちりめんじゃこをかけ、お醤油をちろりとかけると日本酒にサイコーです。

冬に夫がつくってくれる白菜や大根の甘酢漬けも、大好物です。かんずりなんかを添えて食べるのもいい。季節の野菜をたくさんいただいたときは、ぬか床に入るだけ入れちゃいます。これならダメにすることもなく、切ったらすぐに食べられるというのも◎。

一番のおすすめはズッキーニのぬか漬け。食感がよくて、
水分もほどよくあって新発見！の美味しさです。

カットするだけで前菜一品が完成。いろいろな野菜で試
してみたくなります。

夏はくずし豆腐、冬は湯豆腐三昧の豆腐好き

お豆腐が大好きで、旅行や仕事で地方に行くと、スーパーや道の駅でその土地の豆腐を買ってしまいます。わたしは大豆の風味が濃厚なものが好きなので、そんな豆腐に当たったときは「キターー！」という感じです。

夏はくずし豆腐をザル盛りにして涼しげに。冬は小さな土鍋で湯豆腐をハフハフと。

湯豆腐は即席ポン酢でいただきます。お醤油と柑橘の果汁を絞っただけですが、柑橘の風味がキリッとしていいんです。柚子やすだちをギュギュッと絞ると、季節のいい香りに包まれて、それだけで心が満たされます。

湯豆腐は前菜として食べるので、小さな土鍋に昆布を敷いただけのシンプル仕様。柚子胡椒や生のかんずりを添えていただきます。

大豆の風味が濃厚なザル盛り豆腐は、本わさびと塩でいただくのが好き。

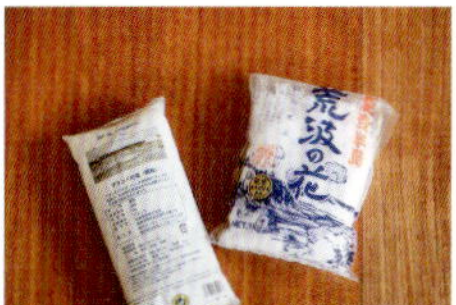

お塩やお醤油は好きなものをずっと使っています。10 年ほど前、調味料に興味を持った時期があって、いろいろ食べ比べした末に厳選された調味料たち。お塩はゲランドと地元・能登の塩（写真右）、お醤油は井上　古式じょうゆか正金のお醤油が定番です。

大豆の風味が生きている、半固とうふでつくる白和え

堅豆腐ってご存じですか。これは北陸地方でつくられるお豆腐で、木綿豆腐より、さらにみっちりと水分を絞った堅さが特徴です。一般的なお豆腐より大豆がたくさん使われているので、大豆の風味がとにかく濃厚なんです。

そんな文化もあって、わたしは石川県でつくられている「白山の恵み豆　半固とうふ」がお気に入り。厳密には堅豆腐とは違うけれど、水分が出にくくて大豆のコクがしっかりと感じられます。今年の夏はそれでゴーヤの白和えばっかりつくっていたほど。ほかに、**にんじんの白和え**も定番メニューです。

白和えをつくるときは、フードプロセッサーなどでなめらかにするのではなく、あえてぼわぼわな感じに粗く潰してお豆腐の食感を残します。この食感と、大豆の濃厚な風味が日本酒にジャストミート！

季節のお野菜はもちろん、余り野菜で手軽につくれるので、わが家の定番おつまみのひとつになっています。

白とオレンジのコントラストも美しい、にんじんの白和え。

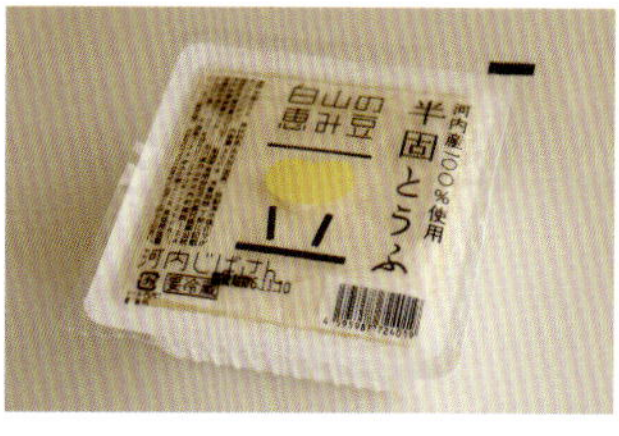

白和えによく使っている石川県産「白山の恵み豆　半固とうふ」。大豆の風味が強く、時間が経っても白和えから水分が出にくいのも好き。

意外な組み合わせで美味しかったのは、能登のお宿に泊まったときにいただいたしいたけソテー。しいたけに「いしり」という魚醤をかけて焼いた上に、チーズをおろしかけた一品です。食べる直前にレモンを絞り、ちょっと爽やかさも加えていただきます。

チーズをおろして、よそいき気分

2年ほど前にマイクロプレインのチーズグレーターを手に入れてから、なんにでもふわふわに削ったチーズをかけています。**しいたけソテー**やカルパッチョ、白身魚の上にレモンを絞り、チーズで表面が見えなくなるほどたっぷりと、まるで雪が降り注ぐように。

使っているのはパルミジャーノ・レッジャーノというチーズです。おろして使うのが定番だと思うけど、わが家では一口大にカットしておつまみとして食べることも。コクがあって日本酒ともバッチリなんです。

野菜とも相性がよく、塩茹でしたほうれん草や菜の花にオリーブオイルをたらして、チーズをおろしかけると、それだけでちょっとよそいき気分に。簡単に気取った一品になるのが気に入っています。

やめられないオリーブオイルをたらす癖

晩酌メインのわが家では、日本酒に合わせた和食が多いのですが、「和食にオリーブオイルを合わせるとオツな味になる」ことを発見しました！

いつだったか、**じゃこおろし**が胸がドキドキするほど辛かったことがあって、ふと、オリーブオイルをたらしてみたんです。するとなんということでしょう！　辛みが和いでまろやかに。じゃこととも合うしで、それからは必ずオリーブオイルをかけるように。

ぬか漬けとの相性も抜群です。わたしはズッキーニが一番合うかなと思っていて、オリーブオイルと塩をぱらりとかけると洋風惣菜に早変わり。ワインにも合いそうです。

お漬物とオリーブオイルを合わせてみたのは、ほんの好奇心から。お皿にオリーブオイルが残っていて、それを隣にあったぬか漬けにつけてみたら「美味しいかも？」と思ったのがきっかけです。

すでに美味しさは実証済みなので、今では好奇心の赴くままに、いろいろな料理にかける癖が。やめられない止まらない。

麺つゆで味付けしたじゃこおろしには、オリーブオイルをたっぷりかけて。フレッシュタイプのサルバーニョのオイルは青々していて、爽やかな草原にいるかのような香り。

ズッキーニのぬか漬けにオリーブオイルを
なみなみかけ、上から塩をぱらり。

フレッシュな酸味が決め手、酸っぱいものの偏愛

子どもの頃から酸っぱいものが好きでした。レモンティー、ハイレモン、酢こんぶetc.。その偏愛ぶりは今も変わらず。というわけで、味の決め手に柑橘を利かせるのが好きで、レモンは冷蔵庫に年中常備。

炒め物や冷奴に湯豆腐など、フレッシュな酸味がちょっとプラスされるだけで、料理の次元が上昇するんです（自分比）。

例えば、能登の魚醤「いしり」でソテーしたしいたけにレモンを絞れば、柑橘の酸味が爽やかな世界へいざなってくれます。魚醤が苦手な人でも食べられるかも？

レモンや柚子などの柑橘類は果汁をメインに使います。皮は薄く削り、豆腐料理やお蕎麦などの薬味に使うこともあります。

柚子胡椒やかんずりなどの柑橘系の辛〜い調味料も、欠かすことのできない常備品。冬はおでんの辛子代わりに、夏はモロヘイヤのお浸しのアクセントに。年中活躍してくれる、わが家の万能選手です。

レモンのほかにも、薬味のわさびや天かす、最後にパラリとかけるだけで存在感のある青のりなど、あるだけで安心できるわが家の常備品。

柚子胡椒（左）と生かんずり。かんずりは唐辛子を発酵させた新潟県特産の調味料で、特に加熱処理をしていない生タイプは風味がより濃厚。

カレー粉で、脱マンネリ

ふだんの食事は和食系が基本のわが家ですが、その中にカレー味の一品をしのばせるのが好きなんです。お酒とも合いますし。

ふだんのおつまみがマンネリ化してきたなあと感じたら、カレー粉の登場です。カレー味のおつまみをつくっていると、夫も「わ！カレー味だ」といいリアクション。日本人にとってカレーは国民食ですもんね。みんな大好きさ、カレー味。

最近では、**オクラのカレー粉炒め**をつくって、インド料理のサブジ（スパイスの炒め煮）っぽくして食べました。

カレー粉は、どんな料理にも合う魔法の万能調味料。
うちでは「インデラ・カレー」が定番です。

オクラのカレー粉炒め。カレー粉を使った料理は、仕上げにレモンをかけると味がぐんと締まります。カレー粉とレモンって、実はなんにでも合うんですよね。

料理が映える名脇役、熊笹

わが家の冷凍庫には、ラップにぴっちりと包まれた熊笹を常備しています。熊笹はお刺身の下に敷くだけでお造りがパァっと華やぐので、気分が上がります。買ってきたお惣菜の焼き鳥やコロッケも、あえて熊笹を敷けばお惣菜の格が上がるのなんのって。

熊笹は、わが家の近くの散歩道にでもモリモリ生えているし、山の上へ行けば葉っぱも大きくて立派なものがあるので、ちょっと車を走らせて採ってきます。

採ってきた熊笹は、きれいに洗い、ザルの上に整列。そのままだと乾かしている間に葉がくるんっと丸まってしまうので、並べた熊笹の上にさらにザルをのせ、成形しながら乾かします。乾いたらサイズ別に2、3種類に分けて重ねて、ラップに包んで冷凍すればいつでも使い放題。

こちらのスーパーでは常時売られているほどメジャーで、店頭に並ぶ熊笹は押し寿司用。葉っぱが大きく、サイズもそろってきれいです。ただ、1パック2000円くらいするので、コロッケのお飾りには使えそうにありません（笑）。

スーパーのお惣菜コロッケの下に熊笹を敷くだけで
この完成度。あっぱれな仕事をしてくれます。

この地に来て、押し寿司が熊笹で巻かれているのにときめいて。それが熊笹を使い始めたきっかけです。

第3章 季節を食べる「旬のもの」

タケノコは
お刺身が一番好き

ひらひらと桜の花びらが散る頃、竹林からタケノコがニョキニョキと。タケノコは、わが家の畑に近い竹林の販売所で買ったり、義母にいただいたり。スーパーでも金沢産のタケノコが並んで賑やかです。

タケノコ料理で一番好きなのが**タケノコのお刺身**。皮を剥いて茹でたら、2～3㎜の厚さに切ったタケノコをわさび醤油でいただきます。これが、日本酒に合うのなんのって。タケノコのお刺身にふき味噌を合わせてもオツでした。出合いものって言うんですかね。

茹でたタケノコを2〜3㎜の厚さにカット。タケノコの香りがたまりません。

新鮮なタケノコは、甘くてとうもろこしのよう。これから竹になるエネルギーに満ちた新芽ですもんね。それをいただくってだけで元気をもらえそうです。

採れたてのタケノコは、皮を剝いて、ぬかは入れずに茹でます。その後、タケノコの茹で汁でつくるタケノコごはんが食べられるのも楽しみのひとつ。

ほんのり甘みのあるタケノコの茹で汁は、お出汁として煮物にも使えます。

ちょっと趣向を変えて、にんにくと唐辛子で炒めた**タケノコのペペロンチーノ風**も好きです。日本酒のおつまみにもぴったりで、お酒も箸も進みます。

春

わさびを添えてタケノコのお刺身に。タケノコの甘みにわさびのキリッとした辛みが合います。

にんにくと唐辛子、タケノコを炒めてペペロンチーノ風に。にんにく風味でちょっとイタリアン。

タケノコのペペロンチーノ風。お酒が進む〜。

ふきのとうを摘んでふき味噌作り。グリーンが映える白味噌がミソ

雪解けの地面から顔を出す黄緑色のふきのとう。畑の土手にいっぱい生えているので、せっせと摘んでふき味噌をつくります。

はじめはいつものお味噌でつくっていましたが、茶色い味噌だとやはり茶色な仕上がり。そんなとき、釜飯屋さんで岩魚にちょこんと添えられたふき味噌は、白味噌で和えたものでした。黄緑色の美しさに感動して、それ以来マネして白味噌でつくるようになりました。

ふきのとうはにんにくとの相性も抜群で、アヒージョにもよく合います。わたしのお気に入りはふきのとうとホタルイカのアヒージョで、春の苦味とホタルイカのほろ苦さが美味です。

ふき味噌は焼き魚とも合うし、ふかし芋につけて食べるのも好き。ポテトサラダに入れると大人味のおつまみになります。

ホタルイカにふき味噌を添えて。いろいろな料理と組み合わせるのも楽しい。

山菜や野菜を昆布でサンド

春の山からコンニチハと、お辞儀するように出てくる可愛いらしいわらび。どこもかしこもわらびだらけで、もれなく家の中にもわらびがあふれることに。そんなときは、わらびで昆布〆をつくります。義母にもらって食べたら美味しくて感動。「山菜でも昆布〆が出来るんだ」と、以来、わが家の定番メニューになりました。

作り方は簡単。お酢で湿らせた昆布の上にアク抜きをしたわらびを並べて挟むだけ。ラップで包んで冷蔵庫に入れておけば、昆布の旨みがわらびに移って、海の香りの山菜になります。

昆布〆は地元ではポピュラーな食べ物で、一般的なのはお魚ですが、野菜でも菜の花とか**アスパラの昆布〆**もたまにつくります。野菜の場合は、同じ昆布で何回か漬けることもできるのでエコかも。

冷蔵庫で1週間くらい保存できますが、その間に昆布の味がどんどん染み込んで、味が変わっていくのも楽しい。漬け終わった昆布もおつまみで一緒に食べちゃいます。

山菜や野菜を昆布でサンド。昆布〆の
昆布も、わさび醤油でいただきます。

昆布〆のアスパラガス。昆布の旨みが
染み込んで芳醇な味わいに。

夏

オリーブオイルで焼き目をつけたお魚にお水を入れ、沸騰したら煮汁をせっせとまわしかけます。こうすると火が通りやすく、味が染み込んで、ふっくらとした仕上がりに。

アサリが美味しい初夏は、アクアパッツァの陽気

山の緑が鮮やかになってくる初夏、冷えた白ワインにするすると手が伸びる……。となると、食べたくなるのが大好きな**アクアパッツァ**です。この季節はアサリが美味しくなるので、ハチメ（メバル）など旬の魚と合わせて豪華な一品に。

レシピは、あるシェフのYouTubeを参考にして以来、それがわが家の味になりました。味付けもシンプルで、魚に振ったお塩とオリーブオイルだけ。魚介のお出汁の旨みが滋味深くて、優しくて。心に沁みる味で、思わず手を合わせたくなります。

まず、お魚を焼いてお水を入れたら、ひたすら煮汁をすくってお魚にかけます。お魚に火が通ったらアサリを投入し、口が開いたらセミドライトマトを加えます。

セミドライトマトは自家製で、冷凍していつでも使えるようにしています。夏に収穫したプチトマトを半分に切って、低温のオーブンで60分ぐらい焼けば出来上がり。

美味しくつくるコツはお魚の下処理。臭みが出ないように、特に血合いの部分は気合いを入れて洗います。シンプルな味付けだからこそのひと手間ですね。

夏

ハチメの鱗を取って、内臓や血合いをきれいに取り除きます（夫が）。

メイン料理でいただくアクアパッツァ。賑やかな見た目もうれしくなります。

自家製セミドライトマト。夏の間につくって、アクアパッツァのためだけに冷凍しています。

たっぷり食べられるのが醍醐味。夏はナス三昧

じりじりと降り注ぐ太陽。溶けてしまいそうな盛夏、義母からナスを大量にもらいます。1回につきだいたい30本くらい。皮を剝いたナスを、その日のうちにせいろに入るだけ詰め込んで一気に蒸します。

冷蔵庫に野菜が入りきらないからやるしかない。夕食作りと並行してついでにやってしまいます。とはいえ、疲れマックスな日もありまして。「正直もうダメかも」なときもあるのですが、野菜の生き生きとした断面や香りを嗅いでいるうちに、生き返った気分になるから不思議です。

蒸したナスは冷蔵庫で冷やしておくとさらに美味しくなります。サッと夕食の一品になるのもグッドです。

蒸しナスには、刻んだにんにく、醤油、ごま油、豆板醤の辛みを感じるタレをかけていただくのがお気に入り。特ににんにくは、たっぷり利かせて。毎日食べても飽きません。せいろ2段分を大量に蒸しても、3日ほどで食べきってしまいます。

夏

蒸し上がったナスの麗しいヒスイ色！　冷蔵庫で冷やしておけばいつでも食べられます。

下準備さえしておけば、あとはタレをかけるだけ。このタレ、冷奴にかけてもイケるんです。

ミョウガは梅酢に漬けて保存食に。ほんのりピンク色がきれい

初夏から秋にわんさか生えているミョウガ。辛くて苦い、媚びていない味が大好きです。畑や山のミョウガをたくさんいただいたときは、美味しく食べきりたいので、生で食べない分は梅酢漬けに。

梅干しを漬けるときに出来る梅酢で一晩漬けておけば、翌日には食べられます。梅酢だけではお口がキュッとなるほどしょっぱいので、わたしは水で割ってから漬けています。梅酢のピンク色をまとったミョウガにときめきます。

ミョウガの梅酢漬けはおつまみにはもちろん、ラーメンや、焼きそばなんかの紅生姜代わりにもいいんです。にぎり寿司の横にガリの代わりに添えてもよかったので、「ちらし寿司に飾ったら色もきれいだしよさそうだね」と話しています。いつかやってみたいな。

夏

梅酢を水で割って漬けたミョウガ。ほんのりピンク色になった姿を愛でています。

自家製の梅干し（写真左）と、梅干しを仕込むときに出来る梅エキス（写真右）。

とうもろこしの食べ比べ晩酌

青空とモクモク入道雲、永遠に夏が終わらないのでは……。なんて思っている頃、北海道の友人からどっさり届く、とうもろこし便。いろいろな種類が入っていて、こちらでは手に入らないような品種もあるので、とうもろこしの食べ比べにウキウキが止まりません。恵味コーン、雪の妖精、ホワイト、皮を剝くと粒の大きさも色もそれぞれ違うんです。いろいろな品種をちょっとずつお皿に盛って、よく冷えた日本酒とともに。一粒一粒を味わう夏の晩酌です。

その中のはじめて食べた白いとうもろこしが甘くてびっくり。蒸す前に生で一粒つまんで食べてみても、汁が滴るほどにジューシー。まるでフルーツ。食べた後、お口の周りが糖分でべたべたするくらいです。

いただいたとうもろこしは、すぐに冷凍するものと食べる分に分けておきます。蒸して食べたり、とうもろこしごはんにしたり。かき揚げも美味しい。調理中に生のまま味見できるのも楽しみです。

夏

箱にぎっしり入ったとうもろこし。北海道からの美味しいもの便です。

芯まで甘い蒸しとうもろこしの味わいを噛み締めます。

キラキラ輝く自家製イクラの醤油漬け

金木犀の甘〜い香りが漂う秋のはじめ。筋子がスーパーに出まわると、キラキラの卵に心を奪われてつい買ってしまいます。**イクラの醤油漬け**をつくるためです。

買ってきた筋子は塩を入れたぬるま湯に浸けながら、丁寧に薄皮を取っていきます。地道な作業ですが、美味しいイクラのためなら馬の鼻先にニンジン！精神で。

味付けは、お醤油とみりんとお酒を3対1対1の割合で。煮切って冷ました調味液を、ほぐしたイクラに投入します。一晩漬けたらお味見ＯＫ。

筋子が安く大量に手に入った年は、食品保存容器に入れて冷凍保存しています。自然解凍で食べますが、わたし的には冷凍してもそれほど味は変わらないかなと思っています。それよりも、いつでもイクラ丼が食べられる幸せに勝るものはなし。

ツヤツヤと輝く粒々を、たっぷりごはんの上にこぼす瞬間、わたしの目の玉もイクラ色に染まります。軍艦巻きにしたり、ちらし寿司の飾りにのせたり、大根おろしにのせたイクラおろしも贅沢なおつまみに。宝石のような輝きに目を奪われます。

秋

イクラの醤油漬けをホカホカごはんにたっぷりのせる贅沢。一粒一粒が宝石みたいで愛おしい。

イクラおろしはおつまみに。お口の中で秋の恵みがプチプチと弾けます。

丹波栗に柴栗に。秋は栗長者になるべし

散歩道に小さな柴栗が転がり出す頃、父が育てた丹波栗が実家から届きます。この時期は、友人のお山へ栗拾いに行ったり、義母からも柴栗をもらったりするので、気付いたら、いつの間にか栗長者になっています。

山に自生している柴栗は、小ぶりだけれど味がすごく濃厚なもの。丹波栗のほうは大きいので、渋皮がついたまま揚げ栗にしたり、スイーツの渋皮煮にしたり。栗ごはんやグラタンも外せません。

ちなみに、巷では栗の皮剝き器があって毎年買おうか悩むのですが、結局いつも包丁で切って手で剝いていきます。もう修行のように、ひたすら無言で皮剝きに熱中していると、時間が経つのを忘れてしまうほど。栗の木のような香りに包まれて、心は静かに凪いでいきます。

秋

茹で栗は、半分にパカっとカットして。お塩をちょいちょいしながらお酒のおつまみでいただきます。

秋

こうべをたれる黄金色の田んぼに、お米好きの血が騒ぐ

1年前くらいから、父が近所の人たちとお米作りを始めました。そのおかげで、新米の季節になると実家から玄米で15kgほど送られてきます。

玄米なので精米するときに出る米ぬかが手に入るのもありがたい。10年ほど前から愛用している、家庭用精米器MICHIBAシリーズで精米します。スイッチピッで、ガーーーっと轟音をたてて2～3分後に白米に。たっぷり取れた米ぬかは、自家製のぬか床に足したり、肥料として畑にまいたりと、何かと引っぱりだこ。

わが家の夕食では、晩酌の最後は必ずごはんで〆るのがお約束です。大のお米好きですから。炊き立てのお米を食べると、カラダの中が、魂が喜んでいます。だから新米の季節はよけいに「ああ、一粒一粒にありがとう」ってしみじみ感謝がわいてきます。

新米の恩恵はもちろんですが、近所の田んぼの稲が実って、美しい黄金色に染まっていく景色もわたしの心を満腹に。何はともあれ、お米好きの血が騒ぐ季節です。

実家から届いた玄米と、何かと引っぱりだこの米ぬか。1年に一度の楽しみです。

解禁の合図を待ちわびる、底引き網漁シーズン

9月。待ちわびているもの。それは、底引き網漁の解禁です。わたしの大好きな甘海老が連日お魚コーナーに並びます。

地元・北陸のスーパーでは、9月に入る前くらいから「底引き網漁解禁」と打ち出されたポップが掲げられるくらい、みんなが心待ちにしています。ピンク色の甘海老や立派なガス海老を見ると、つい買ってしまいます。

ガス海老というのは、グレーの見た目が地味ですが、身がねっとりと甘くて甘海老よりも甘いかも!? 小さいガス海老は、お値段が優しいので庶民の味方。殻を剝くのは大変なので、殻ごと唐揚げや素焼きにしておつまみで。ソテーにしても殻ごと頭からバリバリ食べられます。

立派な甘海老が手に入ったら、やっぱりお刺身。わさび醬油にちろっとつけていただきます。昆布〆にした甘海老もいい。身がさらにねっとりと、昆布の風味と相まって、お口の中が幸福です。

秋

プリップリの甘海老さんに青い卵をトッピングして、おしゃれしちゃいましょう。

食べるより熟れるスピードのほうが早い柿は柿酢に

山の木々がほんのり色付いてくると、里では柿が橙色に。この季節、義母からたっぷりもらう柿、それに加えて畑の柿もあるもんだから、大漁もいいところです。朝食のフルーツでひたすらありがたく食べています。柿の和風な甘みって落ち着くんですよね。それでも、食べるスピードよりも熟れるスピードのほうが早いこともありまして、そんなときは柿酢をつくります。

作り方は簡単で、サッと洗い（表面に菌がついているので洗わなくても◎）皮を剝かずにヘタを落とし、適当な大きさに切って瓶に入れておくだけ。そのまま放っておけば、すぐにブクブクと発酵が始まり、あたりは酸っぱい香りに包まれます。直射日光の当たらない所で最短一か月ほど寝かせ、味見してお好みの酸っぱさになっていたら、ザルで漉して完成です。なんなら渋柿でも大丈夫、というおおらかさも気に入っています。

柿酢は、タイ風焼きそばにかけたり、柿の酢の物で使ったり。気が向けばそのまま飲んでもＯＫ。フルーティーでツンとこない優しいフルーツ酢です。

秋

秋はひたすら食べても消費が間に合わないほどの柿三昧。

発酵中の柿酢。プクプクと泡が出るのを眺めるのが好き。
柿に泡が付いて、浮力で柿が浮いてくるんです（多分）。

里芋に見る、旬のものと食欲リンク

ゴロゴロと雷鳴が轟き、ピューっと木枯らしが吹く初冬。楽しみにしているのが畑で採れる里芋です。色白できめ細かく、えぐみなんてまったくありません。

まず掘りたてはシンプルなソテーでいただきたい。1㎝ほどの輪切りにして、オリーブオイルでソテー、味付けはお塩だけ。外側はカリッと、中はホクホクとしていて、フライドポテトのよう。

この里芋ソテー、赤ワインにもよく合います。寒くなるとちょうど赤ワインを開けたくなるので、旬のものと食欲リンクってすごい！と思ってしまいます。

わが家の畑で収穫した里芋たち。土を掘り起こす収穫は原始的な喜びを感じます。

わが家の畑のオクラ。柔らかい丸オクラです。

立派に育った龍馬生姜。掘った土からもジンジャーの香り。

北風とともに、湯気メニューの到来

はあ〜っと吐く息が白くなる朝。「よし、今夜はあったかメニューを食べるぞ」と食べたくなるのが、ほかほか湯気の上がるお料理です。

湯気メニューの筆頭は、なんといってもお鍋やグラタン。

わが家の鍋は、昆布で出汁をとり、ポン酢で食べるのが定番です。たまに、山形の郷土料理で有名な芋煮をしたり、牡蠣の土手鍋を楽しんだり。

どんな鍋でも最後は必ず卵とおネギを入れて、おじやで〆るのがお約束。

たっぷりつくったお鍋をお出汁の一滴まで平らげたのを見ると、「人間のおなかってどうなっているんだろう」と謎が深まります。

丹波の実家からは毎年シシ肉をもらうので、それでつくる濃い味噌味のボタン鍋も毎年のお楽しみ。食べるときに山椒粉をピリッと利かせるのがポイントです。

ホタテと青梗菜のグラタン。熱々のグラタンをふーふーしながら食べる幸せ。冬のごちそうメニューです。

熱々をはふはふしながら食べるグラタンも、大好きな湯気メニュー。玉ねぎは必須で、あとは海老やホタテ、栗など、好きなものを入れて楽しんでいます。

わたしが好きなのは、**ホタテと青梗菜のグラタン**。ホタテの旨みがミルキーなホワイトソースと合う！　クラムチャウダーのような味わいで大好きなんです。

ホワイトソースは、小麦粉とバターと牛乳で。具材をバターで炒めてから火を止め、小麦粉をまぶしてよく混ぜ合わせ、火をつけて牛乳を少しずつ加えます。そこにたっぷりのシュレッドチーズをかけて、オーブンで焦げ目をつけたら、さあ、食卓へ。

土鍋おでんでじわじわ

冬の日の休日。大きな**土鍋でおでん**をじっくりゆっくり煮込みます。ちょっとずつ味が染み込む感じが好きなんです。

この土鍋自体にもお出汁のいい香りが染み付いていて、蓋をあけるとほんのり美味しい匂いがするのも好きです。

おでんの味付けは、お出汁、お醤油、みりん、お酒に塩を少々。

土鍋の中には、大根とかじゃがいも、こんにゃく、ごぼう天やちくわなどの練り物と、ゆで卵、厚揚げ、それからタコや銀杏串も。鶏肉や車麩も入れたりします。

味が染みるように朝から仕込んでおいて、晩酌でお酒を味わっている間にくつくつと温めなおし、「いざ、メインディッシュ」となったらどどーんと土鍋ごと食卓へ。

薬味には粉辛子をたっぷり練って。

味が染み込んだおでんはどれも美味しいのですが、わたしが好きなのはじゃがいもです。丸ごと入ったホクホクじゃがいもにお出汁が染みて、ああ幸せ。食べすぎ注意です。

お出汁といろいろな具材の味がしみしみのおでん。日本酒とともにしっぽりいきましょう。

寒い日の豚汁日和

心とカラダに沁みる、あったかメニューと言えば**豚汁**は外せませんよね。わが家では22㎝のストウブ鍋いっぱいにつくります。

基本の豚汁の具材は、豚肉、さつまいも、こんにゃくに、にんじん。あとはネギに大根、ごぼうも入ってお鍋の中はぎゅうぎゅうです。

豚汁に酒粕を入れるのも好きで、ほかの人が飲んだらびっくりするくらい大量に投入します。お酒大好きですからね、わが家はふたりとも。

酒粕は石川県小松市にある西出酒造さんのものが美味しくてお気に入りです。木槽搾《きぶね》りという、昔ながらの方法で絞ったお酒の酒粕なんです。軟らかくて使いやすいし、酒粕だけで食べても美味しい！

ちなみに2日目の味変はカレー粉を溶き入れて**カレーうどん**でいただきます。これが食べたくて豚汁をつくっているのかもしれない、というくらい大好きなメニューです。ちょっと和風なカレー味。スープカレー風に、ごはんと食べるのもなかなかイケます。

冬

豚汁に酒粕を投入。しっかりと酒粕の味がわかるくらいたっぷりと。酒粕の香りも食欲をそそります。

豚汁からのカレーうどん。カレー汁のハネに気をつけながら、フーフーとすすります。

西出酒造の酒粕。絞りきっていないので、酒粕にも美味しさが残っているんです。

ホッとする冬の味。おなかの中から優しい気持ちに

とろとろの餡って、本当に温まります。器に入れてもなかなか冷めないし、おなかの中でもずーっとポカポカ。寒い季節にはとろとろメニュー、必須です。中でもわが家で頻繁に登場するのが**レンコンのすり流し**です。出汁を沸騰させ、すりおろしたレンコンを入れ、味を整えるだけ（お出汁がないときは麺つゆで簡単につくることも）。レンコンがとろっとろになって、カラダの芯から温まります。おなかの中がポワーンと温かいと、不思議と優しい気持ちになります。

お寺さんで供されそうな精進料理っぽい見た目なので、わが家の輪島塗の漆器がよく似合う。

すり流しは郷土料理でよくあるようです。わたしも金沢にきて友人宅でいただいたのがはじめてでした。

夕食の最後のごはんにレンコンのすり流しが出ると、ひと手間かけた汁物の登場でちょっと贅沢な気分に。なぜか両手でお椀を大切に持って、お口に運びたくなります。

冬

ズズズーっと飲みほせば、心もカラダも温まって優しい気持ちに。

白子オンパレードの寒い夜

真鱈の白子が大好きで、冬が始まる頃から常に魚売り場をキョロキョロ。ぷりぷりできれいな白子を見ると連れて帰りたくなってしまうので、旬の時期には、数日おきに白子が登場することも。

白子はどうやって食べても美味しいのですが、お気に入りは**昆布焼き**。ホイルの上に、昆布を敷いて、その上にお酒と塩で下味をした白子をのっけてトースターで焼きます。ほんのりと昆布の香りがつくのと、ちょっと香ばしくなるのが本当に美味しい。かぼすやレモンを絞っていただくと、クリーミーな魚介の旨みに柑橘の爽やかさが加わって、お口の中が華やぎます。もう白子にうっとり。ぞっこん。わたしの白子好きを見て夫は「白子の天敵やな」と言っています。「はい、そうです」。寒い寒い北の海を泳いでいた真鱈さんに感謝して、美味しくいただきます。

昆布もバリバリ食べちゃいます。地元・石川県の日本酒ともバッチリ合います。

毒きのこ？ 白い赤かぶ？
わが家の「食」は毎日が体当たり

昔、義母が採ってきた天然のきのこをもらったときのこと。シバタケという種類のきのこで、「お味噌汁に入れたらいいよ」と言うのでそのとおりにしてみたら、最初は茶色だったきのこが熱を通した瞬間赤紫に！

「こ、これは食べちゃダメなやつでは？」と思って慌てて電話したのです。

一方、義母のほうはそんなことは百も承知で、紫色に変色することも当たり前すぎて言っていなかった、ということがありました。疑ってすみません。

お味はナメコのようにぬるっとしていて、とても美味でした。

あるときは、義母が育てているビーツをいただいたのですが、どうやって食べていいのかわからない。「かぶの仲間だし、お味噌汁に入れたらいいかな」と思って入れてみると、今度は真っ赤っかの味噌汁が出来ました。そもそも、ビーツを切るときからまな板も真っ赤で、「これは、ハロウィンにいいかもしれない」と密かに思った次第です。

また、こちらに引っ越して間もない頃。義母から、「お漬物にするといいよ」と赤かぶをもらったことがありました。その頃はまだ、食材のことをよく知らなくて、赤かぶの皮をきれいに剝いてしまうと中は真っ白。そのまま漬けたところ、まったく赤くならないふつうのかぶのお漬物が出来ました。ちゃんちゃん。

こうやって振り返ってみると、未知の食材って義母からもらってチャレンジすることが多くて、その度に新しい世界が広がっていきます。

第4章 「おうちカフェ」でほっとひと息

おやつ時間が大切なリセット

おやつ時間には、お菓子に合わせた飲み物を選ぶのが楽しみのひとつ。珈琲豆はもちろん、いろいろな種類のお茶を常備しています。お茶はおみやげでいただいたり、旅行先で買ったり。

仕事が一区切りするタイミングや時間にゆとりがあるときに、どちらかが「ちょっと休憩したいね」と声をかけたらおやつ時間。

わたしも夫も在宅ワークなので、ひとりでお茶をしていると「抜け駆けだ」と冷たい視線を浴びる気がして……。かならずふたり一緒です。息抜きがいいリフレッシュになります。くたびれた頭を一度オフにして、おやつと飲み物で小休止です。

手作りケーキやいただいたお菓子があるときはバンザイ! でも、ふだんはお煎餅が多いかな。わたしはシンプルなお煎餅が好きで、いつもおやつカゴに入れています。夫は甘いものが好きなようで、だいたいチョコのお菓子が入っています。

毎日作り置きしているお茶は、いろいろな茶葉をブレンドしたオリジナル茶。左から、桑の葉茶、どくだみ茶、すぎな茶、ゲンノショウコ。お茶パックに入れて、やかんで煮出してつくります。

石川県のお茶といったら加賀棒茶。その名のとおり、お茶の茎を使ったほうじ茶です。こちらは、丸八製茶場のもの。

台湾烏龍茶、番茶など。その日の気分やおやつに合わせて選びます。

コーヒーはこれ、お茶にはこれ、と、相性を考えるのが楽しい器選び

わが家では、飲み物ごとに使う器が決まっています。コーヒーはこれ、お茶にはこれ、と、飲み物の色と器の雰囲気との相性を考えるのが楽しくて。

美味しいものを飲んだり食べたりするのと同じくらい、その時間や行為も大切にしたい。なので、自分が心地いいなあ、好きだなあと思える器を少しずつ集めています。

コーヒーは、アラビアのアンティークのカップを愛用していて、紅茶も同じく、アラビアです。

冷たい飲み物は、繊細なうすはりのグラスがお気に入り。実は、昔、「金麦」のキャンペーンで当たったんです。

素敵な器は心を潤してくれるので、買うのも見るのも好きです。器はわが家の食器棚に入るだけ、と決めていますが、そこにはあまり縛られぬよう。一期一会やご縁を感じたら、少しずつ買って、新しい風を入れるようにしています。

カップ類は無印良品の食器棚に。ガラス戸なのでいつでもお気に入りを眺められます。

アラビアのアンティークカップがお気に入り。すべてコーヒー用で、背の高いカップがスタメン。手前のふたつは気分を変えたいときに使っています。

紅茶を飲むときに使っているアラビアのカップ＆ソーサー。ポットは古いタイプのブラウンベティのものです。

お茶用の茶器。日本茶もそのほかのお茶もこの急須で淹れています。急須はなつめ土瓶。白い受け皿付きの茶器は林沙也加さん作。湯呑みは光藤佐さん作。

グラスいろいろ。作家さんのものや外国のアンティークなど、どれも大切にしています。

赤紫蘇ジュースとお煎餅

夏の終わり、ギリギリすべりこみですが**赤紫蘇シロップ**をつくります。義母の畑からもらう赤紫蘇です。美味しいのはもちろん、目が覚めるようなピンク色を見るのが好きで。心から元気になれます。

作り方はとっても簡単。赤紫蘇を煮出した後、お酢とお砂糖を入れるだけで出来上がりです。お酢を入れると、色がパアッときれいなピンク色に変わるのですが、その瞬間の美しさと言ったら！　わざわざ夫を呼びつけてピンク色を見てもらうことも。

この赤紫蘇のシロップを炭酸水で割ったのが赤紫蘇ジュースで、わたしはこれにお煎餅を合わせたくなるんです。甘いジュースですが、紫蘇の風味が和風な感じだからかな。夏の暑い日に畑から帰ってきたときに飲む赤紫蘇ジュースなんかも最高です。汗ダラダラ、ほてったカラダにキューっとしみわたります。

赤紫蘇ジュースの爽やかな
口当たりと紫蘇の風味がク
セになります。石川県民の
ソウルフード、北陸製菓の
「ビーバー」と一緒に。

グビグビ飲もう、マンモスりんごジュース

最近飲み始めた「マンモスりんごジュース」。生きた菌でりんごジュースを発酵させてつくる飲み物です。

マンモス酵母といわれている菌で、350万年前のマンモスが眠る永久凍土から生きて発見されたのだとか！　知人からいただいたのがきっかけで飲み始めましたが、はじめて飲んだとき、「あ！　シードルだ」と思わず呟いてしまったほど。発酵している生きた味にうれしくなりました。

このマンモスりんごジュースにりんごジュースを足していくと、糖分を餌にどんどん発酵して、ずっとプクプクしています。

逆に、りんごジュースを足さずに放っておくと菌が糖分を食べ切ってしまって、甘くない、ちょっとドライな感じのジュースになっていきます。

ジュースの継ぎ足し加減によってプクプクの様子が毎日違うのがおもしろくて、ついつい様子をうかがってしまいます。

まるで生き物を育てているような感じです。

プクプクが弱くて「今日は元気がないなあ」と思ったら、ちょっと暖かい場所に常温で置いてみたり、プクプクが活発になると冷蔵庫に戻してみたりするのも楽しい。

プクプクを見ていると、「この中で菌が生きているんだなあ」と、自分も生きているということを思い出して、気持ちがシュッとします。350万年前から生きている菌ですもんね。たくさん学ばせてもらおう。

マンモスりんごジュース。プクプクが見えるでしょうか？

お菓子作りは大人の工作時間

子どもの頃、よく母が誕生日ケーキなどをつくっていたので、お菓子作りは身近なものでした。卵を泡立てるのを手伝ったり、粉をふるったり。

それに、お菓子作りはわたしにとって、子どものときの図工の時間のようなイメージなのです。料理だと、「手早くつくって、すぐ出して、出来立てを食べたい」という気持ちが強いのですが、お菓子作りは出来立てじゃなくてもいいし、手早くつくらなくてもいい。出来上がったお菓子より、それをつくっている時間を楽しむような。いつの間にか、何もかも忘れて没頭しているんです。

定期的にお菓子をつくりたくなるときがあるのは、それが癒やされる行為だから。

例えば、卵白を泡立てているとだんだんメレンゲ状になってきたり、卵黄を混ぜているとちょっと薄い黄色に色が変わってとろとろになってきたり。そういう変化がおもしろいなあと思うし、変化していく様子を見るのも楽しい。何より、オーブンから漂うケーキの甘い香りに癒やされる〜。

卵を割って黄身と白身に分けて……。作業の一つひとつが楽しくて、じっくり観察する時間に心が休まります。

透明だった卵白が白一色になり、少しずつふわふわになっていく様子に癒やされます。

お菓子をつくって幸せをほおばる

お菓子をつくると家族が喜んで食べてくれるのがうれしくて、わたしもほんのり幸せな気持ちになります。夫はわたしよりも甘党なので、途中から自分でもつくるようになりました。出来上がったものはだいたい夫とふたりで食べてしまいますが、たまに義母に届けたり、実家へ帰省するのに合わせて持っていったりすることもあります。

気が向いたときは、きれいに包装して、パティスリーのお菓子っぽくしてプレゼント。ちょっとした演出も楽しみのうち。

ケーキの飾り付けは、はじめに「こういうものがつくりたい」とイメージはしていますが、仕上がりが「子どもの工作」のようになることも。生クリームを塗るのが苦手で、「どんどん変になっていく〜」と、冷や汗ダラダラ。ちょっと収拾がつかなくなったり。

でも、フルーツを使ったものだとなんとなく可愛くなるし、ホールケーキならカットすると意外と様になるので、なんとかなる。手作りのケーキをパクッとお口に入れたら、見た目のことなんてどこへやら。美味しい幸せに顔がゆるっとほころびます。

日常と違うメルヘンな世界へ

お菓子作りって、メルヘンが詰まっていると思います。つくる過程も使う道具も、ふだんのおかず作りと違うので、非日常を感じられるのかなあ。それに加えて出来上がったお菓子の麗しさも、まさにおとぎの国。手作りのお菓子には絵本の世界のような、手描きのような、可愛らしいオーラがあるんです。

一時期、**ロールケーキ**作りにハマったことがありました。きっかけは、いちごをたくさんもらったから。いちごたちに煽られるようにレッツ、ロールケーキ作り。スポンジをせーの！で巻くのもスリルがあって楽しい。

いちごのロールケーキ。もう、その可愛らしい佇まいがメルヘンです。

気軽につくれる、クラフティタルト

クラフティタルトをつくるのが好きで、季節の果物がたくさんあるときにつくります。クラフティとは、カスタードのような生地。卵、牛乳、砂糖、小麦粉で出来るので、思い立ったときに気軽につくれます。

タルト生地にはアーモンドを砕いたものを1割ほど入れて、ザクザクッとしたタルトにしています。本当は全粒粉があればいいのですが、なかったのでアーモンドで代用したら、いい感じに。

タルト生地を焼いたら果物をのせてクラフティ液をゆっくりと静かに注ぎます。果物はいちごやブルーベリー、桃など、そのときにあるもので。あとはオーブンで焼くだけ。出来上がったクラフティタルトを型からポコッと外す瞬間がなんとも心地いい！最後の最後まで、まるで工作のような楽しさが詰まっています。

義母の畑で採れたいちごを好きなだけ敷き詰めて。

いちごのクラフティタルト。カスタードのようないい香り。

渋皮煮のち、栗の蜜

実家の父が育てている栗はとにかく立派。なので自然と**渋皮煮**をつくりたくなります。栗の渋皮煮は鬼皮を丁寧に剝いて、渋皮がついたままお砂糖で煮てつくります。わが家は仕上げにラム酒をたっぷりと入れるのがお決まりです。ツヤツヤに黒く光る渋皮煮はまるで宝石のよう。なので、一粒をうやうやしく小さな豆皿にのせて、お茶時間のお供でいただきます。栗のほのかな渋みと煮詰めた甘みがお口に広がって、もう夢見心地。まったくもって贅沢なスイーツです。

渋皮煮はそのままで美味しいので、一粒一粒味わって栗の味を堪能したり、パウンドケーキに入れたり、ケーキのトッピングに使ったりもします。

渋皮煮を煮た液が、これまた味わい深いんです。砂糖と栗のエキスが溶け出して、まるで栗蜜のよう。その蜜を、泡立てた生クリームに入れてつくる栗クリームがお気に入りです。タルトに栗クリームを敷いて、渋皮煮をのせ、上から栗クリームをくるくるっとかければモンブラン風に。

コロコロと転がりそうな見た目も可愛い。

出来上がった栗の渋皮煮。ツヤツヤに光る一粒一粒の神々しさ。
濃厚な栗の味はお茶にもコーヒーにも合います。

寒天で、なんちゃって甘酒トウファの巻

台湾のスイーツ、**トウファ**が好きです。本来は豆乳とにがりなどでつくるのですが、わたしは簡単に粉寒天で。プラスちょうど甘酒があったので、入れたら美味しいかもと思い立ち、実験。もともと、レシピどおりにつくるよりも、「これで代用できるかな?」と家にあるもので考えるのが好きで。たまに失敗もありますが、どうなるかわからないから楽しいんです。

トウファのシロップは手作りの**みかんソース**。実は冬に畑で採って、家で放置していたら、ゴルフボールのようにカッチカチになっていたのです。その果汁でつくりました。甘酒トウファにかけたら、う~ん最高! きな粉も添えて、和風テイストでいただきます。

ちなみに以前、にがりでつくる本格的なレシピに挑戦したのですが、苦くてびっくり。なぜあんなに苦くなったのだろう(遠い目)。それからは寒天レシピでつくっています。

甘酒トウファ。みかんソースときなことの相性もバツグンです。

かちかちになったみかんの実はソースに、皮は乾かして陳《ちん》皮《ぴ》として使います。

第5章

「晩酌」のために生きている

日本酒との蜜月までの道のり

わが家の冷蔵庫に、いつ何時もあるもの。それは日本酒です。多いときは5、6種類、少なくても2種類は絶対。でも、もともとはそれほど日本酒が好きだったわけではないのです。

20代の頃は、飲みに行くとだいたい梅酒かビールで乾杯。お酒を味わうというよりもみんなでワイワイするのが楽しかったのです。

それから時は流れ、結婚後に家飲みではじめにハマったのがワインでした。なぜか夫が「チーズが食べたい」と言い出しまして。そうすると、チーズと言えばワインじゃないですか。毎日毎日チーズをおつまみにワインで晩酌の日々でした。

その後、ウイスキー三昧、焼酎三昧、カクテルもひととおり。共通しているのは、原産国の気候や食文化に想いを馳せられること。「ああ、だからこんなお酒が生まれたのね」としみじみ、文化と共にお酒を味わっていたのです。

そうやってやっと、わが国のお酒、日本酒へ辿り着いたのが4、5年前。とあるイタリアンのペアリングの会に参加したときのこと。供されるお料理と日本酒とのマリアージュに「うわ！」と衝撃を受けたのです。日本酒がお米とは思えないようなフルーツ感と爽やかさで。わたしの酒アンテナは日本酒に舵を切ったのでした。

そんな遍歴がありまして、今は絶賛、日本酒との蜜月をお楽しみ中です。

わが家の日本酒ラインナップ。この顔ぶれを見ているだけでワクワクします。
今の食事のスタイルが決まってきたのも、日本酒に興味が移ってからです。

わたしとお酒の付き合い方

わたしがはじめて飲んだ日本酒は、きっと兵庫県の灘の酒だと思う。祖母の家で、父と叔父が晩酌していたのを、ちょろっとお猪口に注いでもらったのです。一口飲んで「変な味！」と。20歳そこそこだったと思います。最初の印象こそイマイチだったものの、今では生きる楽しみにまで昇格しました。

最近のわたしのお気に入りは、高知県の「久礼《くれ》」というお酒。久礼という地名だそうです。このお酒はほのかな苦味と香ばしさが燻製のようで、カツオのたたきとバッチリでした。さすが高知県のお酒！

一方で、自分の中のド定番もあって、それが石川県の「菊姫」。もう、お酒選びに迷ったらコレ一択。キングオブ晩酌酒です。

選ぶ基準は、直感もありますが、純米酒などのあまりお米を磨いていないものを選びがちです。でも、あまり頭で考えないのが一番ですね。せっかくの美味しいお酒はただただ五感で浸りたい。

最近のお気に入り、高知県の「久礼」で乾杯。
「こんな料理に合うかも」と考えるのがまた楽しい。

わたしの中のド定番「菊姫」。
好きなものが変わらずある、という安心感。

日本酒にはゆっくりとした時間が流れている

開けたての日本酒を、トクトクトク……と静かに注ぐ音は、いつ聞いても心地いい響きです。今日のすべてを忘れて「今この瞬間」に耳を澄ませます。そのお猪口をかかげて、灯りのほうへかざすと、微発泡している生酒の繊細な泡がシュワシュワ〜。その刹那的な様子を眺める時間が大好きです。日本酒のラベルで「書」が美しいものに出合うとさらに気分は上がります。鑑賞しつつ、本日のおつまみをパクリ。

夫とふたりで飲んだり、味わったりは共有するけれど、意外とお互い好き勝手して飲んでいます。こだわりはありますが、「絶対これじゃなきゃ嫌だ」っていうわけでもなくて。そういう意味では「楽しむこと」の許容範囲が広いのかもしれません。

人から言われてやるのは苦手ですが、自分が主体となって、「これやりたい」って思うことならなんでも楽しい。日本酒には、それがいっぱい詰まっているのです。

ひとりでラベルや泡を眺めたり、ふたりでお酒の感想を言い合ったり。日本酒の楽しみ方は無限です。

お酒と同じくらい、晩酌中はお茶もゴクゴク

晩酌のときは、お酒と一緒にお茶も同じくらい飲んでいます。和らぎ水のような感じですね。もともとはお水を飲んでいたのですが、「桑の葉茶が血糖値を上げにくい」というのを漢方の本で目にして。それから、桑の葉茶をベースにしたお茶になりました。それに、その日の気分でどくだみ茶やすぎな茶なんかの茶葉をブレンドしてつくっています。

桑の葉茶は、癖がなく優しい味わいです。きっと万人受けする味。どくだみ茶はちょっと甘みがあります。少しでも内臓さんたちに和らいでもらおうと飲み始めましたが、お口直しとしてもちょうどいい。でも、まったく和らぎ水を飲まない知人がいて、「なんでですか？」と聞くと「これは弱虫の飲むものだ」と言っていて、えー！　人それぞれですね。強引に勧めましたが。

それに、お酒と同じくらいお茶をゴクゴク飲んだら、飲酒はなかったことに……ならないですかね（笑）。

体型維持も考えてお茶を飲んでいます。気休めでも、気は休まる。

晩酌とお茶はセットで食卓に。巷の呑兵衛は必ず
かたわらに和らぎ水を置いています（きっと）。

美味しく楽しく生きる道

なかなか手に入らない日本酒が手に入ったら、まず、「どんな料理でこのお酒を盛り上げようか」と、あれこれ献立を考えます。その時間が楽しくて仕方ない。何はともあれ、食べることがわたしの世界の中心なので。

ボリュームのある甘酸っぱい日本酒は、鶏レバーの甘辛煮に。旨口芳醇系は、お刺身やくどい珍味に。脂ののった寒ブリのお造りなんかは菊水の度数高めが最高に合います。

でも、たまに合うおつまみがなかなか見つからないときもあります。

菩提《ぼだい》もと（日本最古といわれる酒母）で醸した独特な味の濁り酒は、苦戦したお酒のひとつです。それでも最後の最後に、ちょっとぬる燗にしてシェーブルチーズに合わせてみたら、「キターー！」なんていうことも。

ちなみにわたしの中では、チーズにはワインよりも日本酒が一番合うと勝手ながら思っています。生ハムやサラミのような加工肉も。そうやって、自分好みの組み合わせを、自分の舌で探し求めるのも晩酌の楽しみです。それが美味しい道へ続いているのです。

生ハムやチーズは洋酒やワインより、日本酒と合わせたほうが調和すると思うのです。海外の食材なのに、洋酒よりも日本酒のほうが合うのもおもしろい。でも、そもそも海外の人はお口の中でお料理とお酒を混ぜないからですよね。

「この風土だから、こんな味になりました」という自然発生的なストーリーが大好きなのです。あるがままというか。そんな食事やお酒を楽しんで、わたしもあるがままに生きられたらな。

あるがままのお酒、その個性を楽しむ

日本酒は地方ごとに味の個性があって、それをその土地の郷土食と合わせるのも楽しみのひとつ。

同じ北陸でも、富山県は淡麗辛口系が多い（山のほうは旨口寄り）、福井県はきれい系、石川県はどっしり旨口酸味。というわたしの勝手なイメージです。最近では、「テロワール」と言って、その土地の田んぼで出来たお米でお酒を醸す蔵も多くなっているようです。そうすると、自然とその土地の郷土食とも相性ばっちり、になりそうですよね。

ちなみに、わたしも夫も忘れっぽいので、何を飲んだのか、そのときにどんなおつまみを合わせたのかを毎日写真に残してメモしています。「はじめて」だと思って買ったのに、昔の写真を見ていたら「あれ、飲んだことあるね」とズッコケることもままあるので、大事なことはメモ、メモ。

発酵食で一献

日本酒を嗜むようになってから、ますます発酵食の虜になりました。ワインとチーズ、みたいに、日本酒と発酵食はベストパートナーだと思います。

義母から地元のコンカニシン（ニシンを米ぬかで漬けた郷土料理）をいただいたのをきっかけに、今では、富山県のなれずしや福井県の鯖のへしこもお気に入り。

発酵食の何が好きかって、あのチーズのような深いコクと旨み。そこにはゆっくりと発酵した時間の豊かさが詰まっているんです。これを日本酒と合わせてクイッとする時間が最高に幸せです。

なので、旅先でも未知の発酵食品を見つけるとつい買ってしまいます。

以前、新潟県で見つけた二五八《にごはち》（麹漬けの漬け床）を買って帰り、きゅうりを漬けました。出来上がったお漬物は、やさしい甘みで塩が控えめ。豪雪地だから塩控えめでも大丈夫なのでこの漬け方が出来たのかな?とか妄想をするのも楽しい。もちろん、二五八漬けには新潟県の日本酒を合わせて。お口の中は新潟にプチトリップ〜。

地元・石川県のお酒には、石川県の郷土料理がよく合います。
コンカニシンの深〜い旨みと「菊姫」の芳醇なお味がバッチリ。

なれずしの「大根ずし」。塩漬けした大根とニシンなどを麹と共に
発酵させています。お正月などによく食卓に上るメニュー。

冬の温かい晩酌「出汁で飲む」

寒い冬の夜、自然と食べたくなるのがおでんです。大きな土鍋で仕込むのもいいけど、それだけでおなかいっぱいになってしまうのがタマニキズ。ほかのおつまみも食べたいのです。そんなときは、短時間でつくる小さな土鍋おでんの出番です。

たまに、親しくさせてもらっているお蕎麦屋さんから、一番出汁を絞った残りのカツオ節と昆布の出汁がらをどっさりいただくことがあります。その出汁をとるついでに、「小さい土鍋のおでんもつくろう」と、ウキウキとおでん仕込み。小さな鍋なので具材もじゃがいも、大根、ゆで卵、シャウエッセンくらいでぎゅうぎゅうに。ちょっとの準備でいいからハードルが下がります。

また、このおでんの出汁をつまみにして日本酒を飲むのもいい。「出汁で飲む」というらしいです。どちらも液体ですが、土瓶蒸しをあてに飲んだりもするので、それと同じような感覚でしょうか。

おでんの出汁で日本酒をいただく。カツオと昆布のいい香り。
思わず鼻の穴を大きく開けて、深く息を吸ってしまいます。

タコのくるくる、銀杏串、大根、ちくわ。辛子をたっぷり添えて。

飛騨春慶の丸盆を一枚、二枚

毎夜、晩酌に使うお猪口には指定席があります。不老盆《ふろうぼん》という手のひらを広げたくらいの小さな丸盆の上にちょこんと。お盆がお猪口のステージになったみたいで。それからはそのスタイルがすっかり定着しました。

お盆は飛騨高山にある「飛騨春慶」の器を売っているお店で買いました。上塗りの赤色から下にある黄色が少しだけ透けているのが美しくて。価格も漆器としては優しいのもグッドです。この丸盆をお猪口のステージとして使ううちに「これにおつまみものせたいね」ということで、また飛騨に行ったときにもう一枚買い足しました。

飛騨春慶は使うほどに下地の黄色がどんどん見えてくるらしく、その経年変化も楽しみです。飛騨春慶が好きすぎて、わが家ではお箸も取り皿も飛騨春慶。気をつけないと食卓の上が真っ赤になってしまいそう。

今日のお猪口はこれ。ちろりとともに不老盆にのせて。晩酌のスタンバイ OK です。

愛すべきお猪口たち。ガラス製は、うすはりのグラスと廣島晴弥さん作。

わが家のお猪口コレクション

家の近くの器屋さんで買った古伊万里のもの。唐草模様が可愛くてお気に入りです。縁の中のほうにも染付があるのが心にくい。お酒を飲みながら「粋だなあ」と眺めています。

ジーンズのような藍色が素敵なお猪口は金沢の作家の中田雄一さん作。少し大きめなのでグイグイ飲めます。

10数年前に東北を旅したとき、青森の十和田ホテルの売店で買いました。このお宿の秋田杉の建築が素晴らしいので見学のために立ち寄ったのです。お猪口は秋田杉なのかな？　割れないので、もっぱら旅のお供にしています（宿のお部屋で飲むとき用）。

輪島塗の盃は作家さんのもの。今はなき金沢のお蕎麦屋さんの一角にあった器コーナーで見つけました。すべすべお肌で手にすると心地よいです。漆器はお正月なんかには必ず使いたくなります。

かなり焼きしまっている三島《みしま》手《で》の盃は八田亨さん作。個展で買いました。以前、友人が営んでいたお店にて。本当に素敵なお店だったなあ。きゅっと飲み口が薄くて軽やかに飲めます。

古伊万里を買ったお店で、これを見ていたら「それは欠けているからあんまりおすすめしない」と店主から言われ、結局、古伊万里を買ったのですが「でもおまけであげる！」とこのお猪口をいただきました。わーい。欠けている縁は自分で簡易金継ぎをしています。

晩酌のための器集め。豆皿にはおつまみを盛って

小さいお皿におつまみをちょこちょこ盛るのが好きなので、素敵な豆皿をちょっとずつ集めています。薬味に使う小さなおさじも、「ご縁があったら欲しいなあ」とアンテナを立てています。

器を選ぶときは、どんなおつまみが合いそうかをイメージすることと、今、手持ちにない雰囲気のものや、ちょっとクセのある個性的なもの、というポイントで選びます。小さな器だと、個性的で自己主張の強い器でも不思議と周りの器と馴染んでくれます。遊び心があるものや、土！みたいなものを集めています。

器との出合いは、旅先でふらりと器屋さんをのぞいたり、ご縁があって個展に行ったり。自分からグイグイ探し求めるよりも、向こうから流れてくるものをキャッチするのが好きなようです。川の下流でじっくり待って、流れてきた獲物をパクッみたいな。

夫とふたりでごはんをつくって盛り付けるので、「これが使いやすいかな」とか、あーでもない、こーでもないと相談しながら買っています。

豆皿コレクション。毎日同じお漬物でも、器を変えれば雰囲気もガラリと変わります。今は、豆皿的な感覚で使える陶器のレンゲを所望中。陶器製の小さいおさじも欲しいなあ。

わが家の豆皿コレクション

絵付けがとても繊細なアヤベシオリさん作の2.5寸五弁皿。金沢の「オンラクル」さんの個展で買いました。ずーっと見ていられるほどの絵付けの細やかさに感動して。ちょっとキュートなタッチも温かい気持ちになります。

薬味や小さなお菓子、お醤油皿にと万能な角豆皿。ざっくりとした雰囲気とアイボリーの温かみがいい。お猪口と一緒で中田雄一さん作。5枚持っています。

桃の絵付けが素敵な豆皿は伊藤聡信さん作。個展でこの可愛い絵付けにときめいて買いました。ぽわ〜んとした揺らぎのある絵がなんとも言えない。調理中のさじ置きにも使っています。

盃のような豆皿。「春ららら市」という、金沢で春に開催されるお祭りで買いました。大昔のことです。はじめは2枚持っていたので盃として使っていたのですが、ひとつ割ってしまい、それから豆皿として活躍しています。中田雄一さん作。

豆皿よりも小さい、もしかして箸置きなのかもしれないです。友人からいただいたもので、前田育子さん作。バームクーヘンみたいに層になっていて美味しそう。辛子をのせたり、薬味として刻んだ柚子皮をのせたり。

小さなおさじも

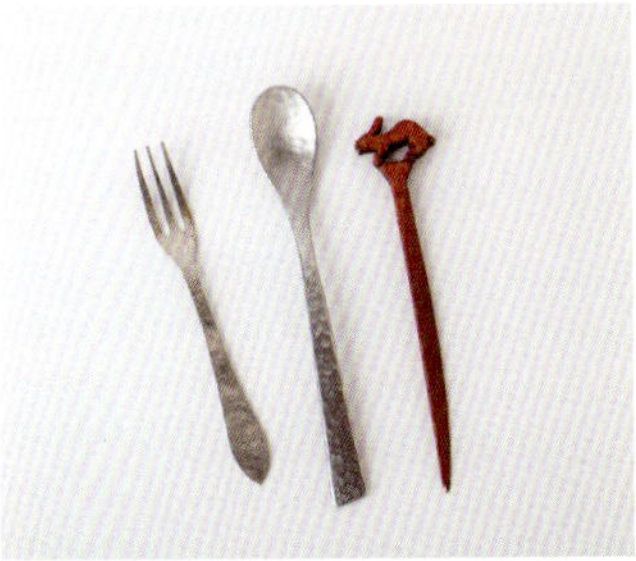

左のフォークは錫《すず》製。真ん中の、薬味用のおさじは使いやすくて、後でもう１本買い足しました。右は動物の菓子切りで中村志野さん作。桂の木を漆でふいているのかな？　繊細な彫りが美しいです。

地元の百貨店「エムザ」で買いました。輪島塗の垣内ゆきひこさん作の小さなレンゲです。実はもともと垣内さんのスプーンも持っていてお気に入りだったのですが誰の作かわからなくて。偶然、百貨店で同じスプーンがあってうれしくなり、レンゲを買い足しました。

お酒の種類によって器もイロイロ

日本酒以外のお酒は、だいたい種類によってグラスが決まっています。ウイスキーならこの器、というふうに。ウイスキー用のロックグラスは、「ウイスキー専用」と決めて買いました。一方で、ハイボール用や焼酎のロックグラスなどは、後から自然と役割が決まったりと、使い方はいろいろです。

実はウイスキー用は長い間、「どっしりしていて、クリアなロックグラス」を探していたのですが、なかなか出合いがなく。

そんなとき、ガラス作家さんの個展でグラスを見つけて一目惚れ。まるで暮れる前の宵の空のような美しい色だなあと思ったのです。サイズは小さめの蕎麦猪口くらいで「大きめの氷をひとつかふたつ入れて、ウイスキーを注ぎたい」とパッとイメージがわきました。「そうか、透明なガラスじゃなくてもいいんだ」と囚われからも解放。

自分のイメージと違うものでも、出合ったときにピンときて、お気に入りになることもあるんですね。

中央が、イメージと違ったのに一目惚れしたウイスキー用のロックグラス。左は焼酎用、右はハイボール用のグラス。ロックグラスは光井威善さん作。焼酎用は笹川健一さん作。ハイボール用はアンティークのビストログラスです。

お気に入りのグラスや器を並べたわが家の食器棚。好きなものが一堂に集まっている場所でもあります。

あと一品欲しいとき❶ ヘルシーなこんにゃくソテー

前菜が終わって、メインを食べて、〆のごはんの前に「あと一品欲しいなあ」というときによくつくるのが**こんにゃくソテー**。

こんにゃくは、賞味期限が長いので安心だし、何よりカロリーの罪悪感が低いのです。だから冷蔵庫にはいつも、お気に入りのこんにゃくを常備しています。それに、こんにゃくの風味は日本酒にすごく合うんです。

こんにゃくのソテーは調理法も至極簡単で、ごま油で炒めて、最後に刻みネギを入れ、麺つゆをたらして出来上がり。たまに、にんにくと唐辛子でペペロンチーノ風にすることもあります。

わたしは、福岡県の石橋屋のこんにゃく（唐辛子入り）がお気に入りで、表面がざらざらしているので味も入りやすいのがいい。切れ目を入れたりする必要もなくて、そんなところも気に入っています。

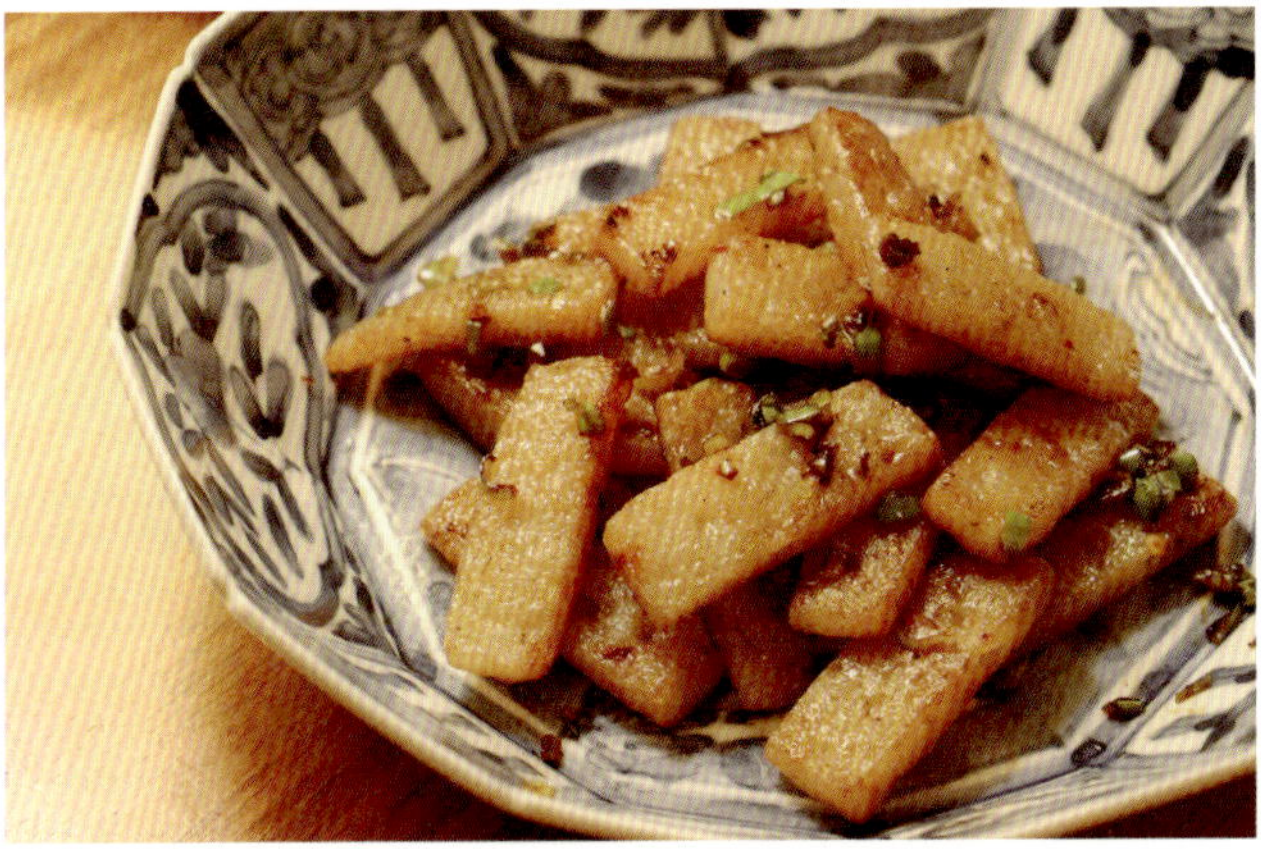

こんにゃくのソテー。こんにゃく自体が美味しいので、味付けはシンプルに。これならいくら食べてもヘルシー。

ヘビロテしている石橋屋のこんにゃく。ピリッとした辛みとざらざらの舌触り、ぷりっぷりの歯応えが最高です。

あと一品欲しいとき❷
マカロニサラダのカルボナーラ風

「お母さんの味」という感じのお惣菜が好きで、**マカロニサラダ**もそのひとつ。

カルボナーラ風というのは、ゆで卵と和えたことから名付けました。本場のカルボナーラって黄身で和えているらしいですし。これがおつまみとしても優秀で、日本酒にもバッチグー。

マカロニサラダだけだと、見た目も味もなんとなく物足りない感じですが、半熟のゆで卵をグシャグシャって潰して和えるだけで、鮮やかな黄色が映えて見栄えもよき。

簡単さを追求した料理ですが、最後にブラックペッパーをガリガリっと強めに挽くと味が締まります。子どもも大人も好きな味ではないでしょうか。

これも、飲んでいる途中でもう一品、「さっとつくってさっと食べたい」という欲求から出来たもの。簡単でシンプルで美味しいなんて最強です。

マカロニサラダのカルボナーラ風。卵の白と黄色にそそられます。
早茹でのマカロニを使うと気軽です。

あと一品欲しいとき❸
火入れが決め手の手羽中ソテー

おつまみの中でも、ちょっとメインよりのメニューのひとつが**手羽中のソテー**。手羽中に塩をしてこんがり焼いて柚子胡椒を添えた一品ですが、このソテーした鶏肉と柚子胡椒の相性が抜群。

「ちょっとお肉が食べたいな」というときでも、焼くだけならさっと出せるし、なんだかんだ、「焼いただけ」というシンプルな調理法が一番美味しかったりするんです。

美味しく焼くコツは、焼いているときに動かさないこと。ひっくり返したい欲求をグッと抑えて、じっくり焼き色がつくまでガマン、ガマン。

手羽中ソテーに欠かせない柚子胡椒は、P55でもご紹介したトナミ醤油のものがお気に入りです。いつも富山県まで買いに行くほど好き。

いつだったか、道の駅で見つけたそれがすごく美味しかったので、以来、すっかりファンになりました。青唐辛子の辛みが強いところが気に入っています。

手羽中のソテーに柚子胡椒を添えて。こんがり焼いた鶏に、ピリ辛の柚子胡椒が合うんです。

じっくり焼きつけるのがポイント。焼き色だけで美味しそうです。

あと一品欲しいとき❹
アボカドくるみ味噌

種をくりぬいたくぼみに、くるみ味噌をたっぷりのせたおつまみ、**アボカドくるみ味噌**。濃厚でワイルドな味のアボカドに、ピリ辛のくるみ味噌が合うのなんの。くるみ味噌を入れる前に、アボカドを一口大にカットしておくと、お箸でつまんでひょいっと食べられます。

くるみ味噌は横山くるみというところのものですが、甘いタイプと辛いタイプがあって、わたしは辛いほうが推しです。味噌自体は甘いのですが、ピリッとした辛みが後を引きます。うちもくるみストックは大量にあるので、「つくれるかも」なんて話していますが、いつになるやら。

このレシピは、料理本か何かでアボカドに味噌を入れた料理を見つけて、「それならくるみ味噌も合うんじゃない?」という感じでつくってみたところ、大正解。

ちなみにこのくるみ味噌、クリームチーズにも合うんです。

アボカドくるみ味噌。濃厚なお味で、お酒が止まりません。

あと一品欲しいとき❺
甘酒入りパプリカのマリネ

夏に義母からパプリカと甘酒をもらい、そのときに思いついたレシピが**甘酒入りパプリカのマリネ**です。

甘酒とビネガー、にんにくとオイルで和えるレシピで、つくってみたら甘い洋風のマリネみたいなお味で、美味しくてハマってしまいました。

しばらくの間、何回もつくっていましたね。

美味しいのはもちろん、パプリカの皮を剝く工程がツボで。パプリカをトースターでじっくり焼いて、黒焦げになった表面の皮を水の中でツルンと剝くのが快感すぎる。

夫は「そんな面倒なことをよくやるね」と言うのですが、「これがやりたくてたまらないんだよ〜」と密かに思っているのです。

遊び半分、食べるため半分、のモチベーションでつくるマリネなのでした。

甘酒とビネガー、にんにくとオイルで和えたパプリカのマリネ。甘い洋風マリネみたいな風味です。

黒く焦げたパプリカの皮が、水の中でつるんと剝ける快感。

トースターにアルミホイルを敷いて、パプリカの表面が黒焦げになるまでじっくりと焼いていきます。

第6章
心はずむ「ごほうびごはん」

友人を招いて、「日本酒の会」を定期開催

これぞ、というい日本酒が手に入ったらそれを共有したくて、日本酒愛のある友人を招いて「日本酒の会」を開きます。

旅先で買ってきた日本酒や食材を使った会だったり、旅先で行ったビストロが美味しかったので、それをマネした会をしたり。半年に1回くらいのスペシャルデーで、友人宅へお呼ばれのときもあります。

だいたい夕方5時から始まって夜の11時頃まで。「この日本酒とスモーク鯖が合う〜」とか、一品ごとにお酒を合わせ感想を言い合うので、なかなか進みません。

この日ばかりは、前菜やメイン料理など、メニューはすべて事前に確定。数日前から段取りを考え、どの器にしようかな？と思案するのも楽しい時間です。

前菜は4品ぐらい、堅豆腐やポテサラ、タルタルソースのブルスケッタなんかをつくり、お酒も3、4本をテーブルにズラリと並べて飲み比べ。当日のおしながきもつくっておいて、開会のときに「今日はこんなメニューが出ます」とお披露目します。

みんなでお酒をちょろっと口に含み、テイスティング。「わたしはこのお酒が一番好き」とか好みを発表したり、どのお酒に合うだろうと、みんなで味研究をしたり。ひたすらお酒のことや、食情報の交換で時間がすぎるのもあっという間。宴たけなわになってくると夢から覚めるみたいにお開きです。

ああ~美味しく食べるって最高！とシンプルな喜びに満たされます。

「日本酒の会」絶賛開催中。好きな人と好きなことを語らい、お酒に合わせたおつまみを食べる至福の時間。熊笹には堅豆腐にいろいろな味をトッピング。

山のワイナリーにワインを買いに行く

ふだんは日本酒がメインですが、ちょっとお祝いしたいときは、近所の山のワイナリーにワインを買いにいそいそと出かけます。

数年前、わたしたちがいつも熊笹を採りに行く山の中腹に出来たお気に入りのワイナリー。そこに並ぶワインが、「自分の慣れ親しんだ山で育ったブドウでつくられたんだ」と思うと、それだけで気持ちが高まります。

お店のインターホンを押すと「すぐ行きます」と、近くのブドウ畑からやってきてくれるんです。ご家族でワイン作りをされていてそれもまたいい。お店へ入ると「今日は赤ワインを買う！」と決めてきたのに、美しいロゼ色にときめいて、帰りには抱えている……なんてこともあります。

ワインのおつまみは簡単に。チーズ、オリーブ、生ハムなどをワンプレートに盛り付けて。そのかたわらにバゲットを添えたらＯＫ。メイン料理の前にワインを飲み終わらないようにペースを考えて気を確かに保ちつつ（笑）。これもまたワインのいいところ。

ちょっと背筋を伸ばして向き合う気持ちが、特別な日を盛り上げてくれます。結婚当初は、「結婚記念日にはワインを飲む」という思い込みがありました。多分ドラマとかの影響！？　今は、記念日は日本酒の日もあるしワインの日もあります。

近所のフレンチ前に、
自宅ウェイティングバーで心を浸す

お祝いの日でも、家で晩ごはんを楽しむことがほとんどのわが家ですが、たまにレストランへ、てくてくと。うちから歩いて5分ほどのところにあるフレンチレストランでお祝いをします。窓からは金沢の街と日本海が一望出来て、夕陽が沈む時間なんてうっとりします。

年に一度あるかないかのレアな日なので、わが家の意気込みは最高潮に。出発30分前くらいになると、台所の戸棚に秘蔵している大切なウイスキーを引っぱり出します。そうやって即席ウェイティングバーが開店します。

フレンチに向けて、ほんのちょっとのことで気分がさらに盛り上がる。ウイスキーは熟成のことを「エイジング」っていうみたいですが、これまたなんと素敵な言葉よ。じっくりと熟成した時間を味わい、フレンチ前に心を浸してから出発するのでした。

ピーティーな香りが漂う「ラガヴーリン」というウイスキーが好き。ゆっくりした時間に浸れる特別なお酒です。心を浸したら、てくてく歩いていざ、フレンチへ。

きよしこの夜はビーフシチュー

窓の外はしんしんと雪が降るクリスマス。ここ最近よくつくっているクリスマスメニューが**ビーフシチュー**です。寒い夜にいただく温かい煮込み料理は晩餐にピッタリ。

わが家のレシピは、友人が教えてくれたシンプルなレシピです。ビーフシチューって難しそうなイメージでしたが、このレシピは、ストウブ鍋にお肉やお野菜、赤ワイン、トマトピューレを入れて、最後にブーケガルニを放り込んで煮込むだけ。コトコトと煮込んでいる時間がシチューをさらに美味しくしてくれるマジックのよう。

お皿に盛り付けたら生クリームをくるんとひと回しして出来上がり。牛肉と野菜たちの旨みが引き出されていて、ゆっくりじっくり味わいたくなるビーフシチューなんです。赤ワインとトマトピューレのおかげでフルーティーな後味で、くどさがないのでいくらでも食べちゃいそう。

ビーフシチューのかたわらには、バゲットを必ず添えます。レシピを教えてくれた友人のお店のマネです。

材料を入れたストウブ鍋にブーケガルニを投入。お鍋の持ち手に紐をくくりつけるのがなんだかうれしい。

大きなお肉がゴロンと入ったワイルドなビーフシチュー。見た目もおなかも大満足です。

第7章

手塩にかけて育てる「保存食」

トンカチでくるみ割りイベント

食べても食べても減らないもの、それはくるみです。秋に義母がどっさり採ってくるのと、たまに自分でも拾ってきたりするので、わが家はくるみだらけです。割らずのくるみも相当持っています。

くるみを食べるためには、とにかくひたすら殻を叩いてほじり出すのですが、これがなかなか気力の必要な作業でして。

くるみ割りは専用の器具を使っているわけではなく、義母がトンカチで割っていたので、わたしもそれに倣って、同じようにトンカチを使っています。

床や台所に漬物石のような平たい石を置いて、その上で「ガンガンガンッ」と叩く感じで。なかなかに原始的で、気分は漫画の『ギャートルズ』です。

トンカチで叩くと、殻はパカッと簡単にふたつに割れます。熱したフライパンで乾煎りすると割れやすいようです。

ただ、割るのは楽しいのですが、殻から実をほじくり出すのが大変で。爪楊枝か竹串

かぼちゃくるみサラダ。くるみはフライパンで乾煎りするとさらに香ばしいです。

を使うのですが、うまく取れるときはまあいいとして、たまにぐちゃぐちゃ、粉々になったりして、そんなときはちょっと悩ましい。

取り出したくるみは粉々になったもの、原形があるもの、くらいに種類分けして小瓶に入れて冷蔵庫で保存しています。**かぼちゃのサラダ**に入れたり、白和えなどの和え物に混ぜたり、お菓子に使ったり。ブルーチーズに添えて、はちみつをかけて食べるのも洒落ています。

手間はかかりますが、カラダにもいいし、何より美味しいので、くるみ割りイベントは定期的に開催されます。きっと、このあたり一帯の住民も、定期的に『ギャートルズ』になってトンカチで叩いているはず。多分。

知られざる乾物の世界へようこそ

石川県に来てから、山菜は身近なものになりました。中でもぜんまいの乾物は山菜の王様みたいな存在です。ほかにはない独特な風味が上品で。100gもないのに2000円とか、立派なものだと3000円代もざら。とはいえ、ここでもまた義母が山から採ってきて干したものをお裾分けしてもらうので、わが家の台所の乾物棚には常にストックが。戻して、**ぜんまいのナムル**などにしていただきます。

ぜんまいの乾物は、つくるのがとても手間なんです。わたしもぜんまいを数本ですが採ったとき、ザルの上にのせて干してみました。すると、気付いたら針金のようにビンビンに硬くなっていて義母に笑われました。本当は、ちょっと乾いたら揉んで、また干して、というのを1日に2、3回繰り返し、それを3日ほど続けます。その間はお天気に恵まれていないと干せないし、それだけ手間がかかるので、高価になるのも納得です。

春になると、山の斜面に立派なぜんまいがニョキニョキ。連れて帰りたいけど、3日もお世話できないかもと、いつもお山に自分を試されている気分になります。

シックな佇まいのぜんまいの乾物。お鍋で５分くらい
沸騰させ、冷まして水を替え、一晩置いて戻します。

戻したぜんまいをナムルに。ほかにもお
揚げさんと炊いて煮物にしたりします。

「魔女の杖」でつくる食べるラー油

「魔女の杖」というひも唐辛子で**食べるラー油**をつくるのがお気に入りです。この唐辛子が絶妙な辛さなのです。たまたま義母が育ててみたのをもらって食べたのが最初です。それ以来、春になると「魔女の杖を育てて」とお願いしています。

毎年つくってもらっていたのですが、ここ2、3年はうまく育たなかったようで収穫ゼロ。その間、食べるラー油もお預け。でもついに今年はうまく実り、久しぶりにつくりました。

熱した太白胡麻油の中に、細かく刻んだ魔女の杖とにんにく、生姜、長ネギ、干し貝柱や桜海老なんかも入れて、素材の味が油に溶け込んだら出来上がり。

ごま油が真っ赤に染まる様子を見ているだけでお口の中が辛くなってきます。

食べるラー油は冷奴の薬味にもいけますが、なんといっても卵かけごはんにかけて食べるのが最高です。ごはんが進みすぎて、ちょいと危険ではありますが。もう「魔女の杖がなくなったらどうしよう」って思うぐらい、お気に入りの調味料です。

「魔女の杖」という銘柄の唐辛子。ちょっとねじれているのが特徴で、絶妙な辛さが、わたしの好みど真ん中。

自家製の食べるラー油。150g ほど入る容器に 1 回に 2 瓶ほどつくります。魔女の杖が収穫できれば 1 シーズンに 2 回、4 瓶くらいはつくっています。それでもすぐなくなる〜。

キムチに赤かぶの切り漬けに野沢菜漬け

わたしは大の発酵食好きで、中でもお漬物が大好き。お漬物は日本のチーズだと思っています。発酵の旨みと酸味、滋味深さはずっと噛み続けていたいくらい。自分でつくるのも楽しくて、浅漬けやぬか漬けに始まり、旅先などで出合ったご当地のお漬物にも挑戦しています。

キムチは一度漬けてみたかったので、レシピ本を参考に、義母の畑からもらった白菜でつくってみました。漬ける前に白菜を半日ほどザルにのせて干すのは手仕事感があって、気持ちが盛り上がるポイントでした。

漬けたら1週間くらいで食べられます。このままおつまみで食べてもいいし、スープに入れてチゲっぽくしても美味しい。

赤かぶや野沢菜も、旅先の道の駅や直売所でお漬物用に買ってきます。赤かぶは束になって売られていたので、直売所のご主人に「どうやって漬物にしていますか?」と聞いて教えてもらったのが、〝切り漬け〟という岐阜県の飛騨地方のお漬物です。その名のとおり、かぶも葉っぱも一口大に切ってから塩漬けします。大きな琺瑯ストッカーに赤かぶ6個ほどをどさどさっと漬けました。お酒のお供に、バターで炒めて卵を落として漬物ステーキに。ちょっとしょっぱくなったのもご愛嬌でしたが、モリモリいただきました。ああ菌が生きているって素晴らしい。発酵するとやってくるあの美味しさは人間にはつくれないんですもんね。菌の力で、神頼み的な⁉なるようになるさ、なるようにしかならない、菌の世界が大好きです。

自家製の簡単キムチ（右）と大根の浅漬け（左）。だいたい常時、いくつかの種類を漬けています。呑兵衛の必須アイテムですから。

お漬物ノスタルジー

最近、古本屋さんで40年くらい前の古い料理本を買いました。『北陸の漬けもの誌』（北国出版社）という本。北陸のお漬物の作り方がいろいろ書かれていて、写真の古さも相まってノスタルジー全開です。聞いたことがないようなお漬物も載っていて、「なるほどなあ」といろいろと試してみたくなります。

例えば石川県には、大根を丸ごと干して、その後に塩漬けするお漬物があります。そういえば毎年冬になると、スーパーに干した大根が束で売られているのを目にします。たくあんみたいな出来上がりになるのかなあ。近所をちょっと歩けば、軒下に大根をぶらぶらと20～30本くらい干しているおうちもあって、冬のいい景色です。

最近は、その本に載っていた「ウリの酒粕漬け」に挑戦。なんといっても、昔の味が再現できるのがおもしろい。

昔のレシピって、なんだかクラシックの楽譜みたいです。当時の人がつくった楽譜があるから、今わたしたちもそのメロディが聴ける。レシピも同じですね。

古本屋さんで購入した北陸のお漬物の本。表紙の木桶が素敵。かぶらずしだと思います。

手前が「ウリの酒粕漬け」。40年前の食文化に思いを馳せながら一献。

わが家のごちそうレシピ

P16

季節の手作りジャム（いちじく）

材料（作りやすい分量）

いちじく…8個
砂糖…いちじくの重さの35～40％
レモン汁、お好みのスパイス
（シナモン、クローブ、カルダモンなど）
…各適量

作り方

❶いちじくはヘタを落として4つ切りにし、鍋に入れて砂糖をまぶし、10分ほど置いておく。

❷ ❶にレモン汁、お好みのスパイスを加えて中火にかける。

❸好みのゆるさに煮詰まってくるまで15～20分ほど煮込む。最後にスパイスを取り出す。

P12

ホットサンド

材料（2人分）

食パン（5枚切り）…2枚
ガーキンス…1本
スライスチーズ（あればチェダー）…1枚
玉ねぎ…1/8個
ケチャップ、マヨネーズ、バター…各適量

作り方

❶食パンにケチャップをぬり、縦2㎜くらいにスライスしたガーキンスをのせる。

❷スライスチーズ、玉ねぎのスライスをのせ、マヨネーズを好きなだけかける。

❸ホットサンドメーカーにバターをのせ、具をサンドしたパンを置き、さらにバターをのせる。

❹弱火で片面2分半、裏返してもう2分焼いて出来上がり。

P36

焼きそば麺ナポリタン

材料（2人分）

焼きそば麺…2玉
ウインナー…2本
玉ねぎ…1/4個
しいたけ…1個
ピーマン…1個
油…適量
ケチャップ…大さじ4
トマト缶（ジュースのみ）…大さじ4
ウスターソース、バター…各適量

作り方

❶斜め切りにしたウインナー、スライス玉ねぎ、5mm幅に切ったしいたけを、油をひいたフライパンでさっと炒めて取り出す。

❷同じフライパンの中へ油をひいて、焼きそば麺を炒め、❶の具材を戻し入れ、さらに炒める。

❸ケチャップ、トマト缶のトマトジュース、ウスターソースを入れ、味がなじんだら輪切りのピーマンを加え炒めて、最後にバターを入れて仕上げる。

P35

きのこの炊き込みごはん

材料（2人分）

お米…1合
舞茸…1/2パック
しめじ…1/2パック
ひらたけ…1/2パック
薄揚げ…1枚
三つ葉…適量

A
出汁…180mℓ
醤油…大さじ1
酒…大さじ1
みりん…大さじ1/2

作り方

❶お米は洗って水気を切っておく。

❷土鍋に❶と、Aを入れ混ぜる。

❸ ❷にほぐした舞茸としめじ、ひらたけは一口大にして入れ、短冊に切った薄揚げを加え、強火で10分、弱火で10分、火を止め、15分蒸らす。器に盛り付けて、刻んだ三つ葉をのせる。

P40

チキンのビリヤニ

材料その1（2人分）

【マリネ】
鶏もも肉…200g
ししとう…4本

A
コリアンダーパウダー…小さじ2
クミンパウダー…小さじ2
ターメリック…小さじ 1/2
カイエンペッパー…小さじ2
ヨーグルト…70g
塩…10g

作り方

❶鶏もも肉は一口大、ししとうは斜め切りにする。

❷Aを混ぜて、❶を30分以上漬け込んでおく。

材料その2

玉ねぎ…100g
油…大さじ4

A
クミンシード…小さじ1
カルダモン…6個
シナモン…3cm
クローブ…6個
ベイリーフ…1枚
生姜…2片
にんにく…2片
トマト缶…60g
水…150mℓ

作り方

❶鍋に油を入れ熱し、スライスした玉ねぎをフライドオニオンにして取り出す。

❷ ❶の鍋の残った油に、Aを入れて炒め、香りを出す。

❸ストウブ鍋などにすりおろした生姜、すりおろしたにんにく、トマト缶のジュース、マリネしておいた鶏肉、ししとう、フライドオニオンの2/3、水を加え、煮込む。

材料その3

バスマティライス…200g
水…2ℓ

A
塩…30g
クミンシード…小さじ1
カルダモン…3個
シナモン…3cm
クローブ…3個
ベイリーフ…1枚
スターアニス…2個
バター…大さじ1
パクチー、紫玉ねぎ、レモン…各適量

作り方

❶大きな鍋に水を入れ、Aを加えて沸騰させ、バスマティライスを6分ほど茹でる。米が踊るくらいの火加減で。

❷茹で上がったらザルにあげ、材料2の鍋に入れ、残りのフライドオニオン、バターを入れ、フタをして中火で5分、弱火で7分炊く。火を止めて5分蒸らす。

❸器に盛り、パクチーや紫玉ねぎ、レモンをお好みで添える。

◎**メモ：**ストウブ鍋でつくると、焦げ付くこともなく美味しく出来ます。バスマティライスはダワットのお米をネットで取り寄せています。

P48

半固とうふのにんじん白和え

材料（2人分）

半固とうふ…半丁
にんじん…1/2本
にんにく…1/4片
白ごま…大さじ1
ごま油…小さじ1
醤油…少々
塩麹（なければ塩）…小さじ2

作り方

❶半固とうふは30分ほど水切りする。

❷にんじんは千切りにし、塩麹でしんなりするまで置く。

❸水気を絞ったにんじんに、とうふをくずし入れ、すりおろしたにんにく、白ごま、ごま油、醤油で和える。

◎**メモ：**お気に入りの「半固とうふ」は、北陸地方の伝統的な「堅豆腐」という堅い豆腐のミディアム版。半固とうふは少し水切りしたら、和え物をしても水気が出ないのがグッドです。

P42

ラープムー風サラダ

材料（2人分）

パクチー…4束くらい
豚こま肉…100g
紫玉ねぎ…1/4個
青唐辛子…1cm
白ごま…小さじ1
レモン…1/2個
ナンプラー…大さじ1～2

作り方

❶豚こま肉は塩（分量外）を入れて沸騰させたお湯で茹で、冷水にとってから1～2cm幅に切る。

❷ボウルに❶、一口大に切ったパクチー、スライスした紫玉ねぎ、小口切りした青唐辛子、白ごまを入れ、ナンプラーとレモンを絞って和える。

◎**メモ：**青唐辛子のピリッと辛いのがポイントです。辛さはお好みで調整を。わが家でつくりやすいようにアレンジしたラープムー風です。

P52

じゃこおろしに
オリーブオイル

材料（2人分）

大根（しっぽのほう）…4cm
ちりめんじゃこ…お好きな量
麺つゆ…大さじ1
オリーブオイル…小さじ2

作り方

❶大根をおろして、小鉢に盛り付け、麺つゆをかける。

❷ ❶に、ちりめんじゃこを好きなだけのせ、オリーブオイルをまわしかける。

◎**メモ：**大根おろしは辛めのほうが、オリーブオイルとマッチします。

P51

しいたけソテーにチーズ

材料（2人分）

しいたけ（大きめ）…2個
パルミジャーノレッジャーノ…適量
油…適量
魚醤（または醤油）…大さじ1/2
レモン…適量

作り方

❶油をひいて温めたフライパンに、半分に切ったしいたけを入れ焼く。

❷しいたけに火が通ったら、魚醤をまわしかける。

❸器に盛り、パルミジャーノレッジャーノをおろしかけ、食べる直前にレモンを絞る。

P62

タケノコのお刺身

材料（2人分）

茹でたタケノコ（根元）…2cmほど
醤油、本わさび…各適量

作り方

❶タケノコは2～3mm幅の半月に切り、器に盛る。

❷　❶に、おろした本わさびと醤油を付けていただく。

P56

オクラのカレー粉炒め

材料（2人分）

オクラ…8本
レモン…1/8個
カレー粉…小さじ1弱
油…適量
塩…少々

作り方

❶温めたフライパンに油をひき、ガクをとったオクラを炒める。

❷オクラに火が通ったら、火を弱め、カレー粉、塩を加える。

❸食べる直前にレモンを絞る。

P68

アスパラの昆布〆

材料（2人分）

昆布…10×15cm 程度を 2 枚
アスパラガス…3 〜 4 本
酢…適量

作り方

❶アスパラガスは沸騰した湯でサッと茹でて冷ます。

❷昆布の表面を酢で湿らせ、長さを 1/2 に切ったアスパラガスをのせ、さらに昆布をのせ、ラップでぴっちりと包み冷蔵庫で数時間置く。

◎**メモ：**わたしは昆布の風味が好きなので、1 〜 2 日後に食べることが多いです。アスパラガスの形をした昆布という感じです。上品に食べたい方は、数時間後〜がおすすめです。

P64

タケノコのペペロンチーノ風

材料（2人分）

茹でたタケノコ…50g
にんにく…1 片
唐辛子…1/4 本
オリーブオイル…大さじ 1/2
塩…少々

作り方

❶フライパンにオリーブオイル、薄切りにしたにんにく、唐辛子の小口切りを入れ、熱する。

❷ ❶から香りが出てきたら、くし切りにしたタケノコを入れ炒め、塩少々を加える。

P74

蒸しナスのにんにくダレ

材料（2人分）

蒸したナス（小さめ）…3本
にんにく…1/4片〜

A
醤油…大さじ1
豆板醤…小さじ1/8
ごま油…大さじ1/2

作り方

❶蒸したナスは縦半分に切って、器に盛る。

❷みじん切りにしたにんにくと、Aを合わせてタレをつくり、ナスにかける。

P71

アサリと季節の魚のアクアパッツァ

材料（2人分）

魚（鯛などお好きなもの）…1尾
アサリ…1パック
セミドライトマト…10粒
パセリ…少々
オリーブオイル…大さじ3〜4
塩…適量

作り方

❶内臓や血合いをきれいに取り除き、下処理した魚に塩をふる。

❷フライパンにオリーブオイル（分量外）を入れ温め、魚を弱火で片面ずつこんがり焼き色がつくまで焼く。

❸ ❷に水（分量外）をひたひたくらい加え、強火で沸騰させ、お玉で煮汁を魚にかけ続ける。

❹アサリを加え、さらに煮汁をかける。

❺セミドライトマトを加え、たっぷりのオリーブオイルを回しかけ、さらに煮汁をかけ続ける。

❻器に盛り、みじん切りにしたパセリを加え、煮汁をかけて出来上がり。

◎**メモ：**煮汁が減りすぎた場合は適宜水を足してください。

P93

ホタテと青梗菜のグラタン

材料（2人分）

ベビーホタテ…1パック
青梗菜…1株
玉ねぎ…1/2個
牛乳…400mℓ
小麦粉…大さじ2
バター…大さじ2
シュレッドチーズ…お好みの量
塩…適量

作り方

❶温めたフライパンにバターを入れ、薄切りにした玉ねぎをしんなりするまで炒めた後、ベビーホタテを入れさらに炒める。

❷火を止め、❶へ小麦粉を入れ、粉が見えなくなるまで具材となじませる。

❸火をつけ、❷へ牛乳を少しずつ加え、とろりとしてきたら塩で味を整え、最後に一口大に切った青梗菜を入れる。

❹ ❸を耐熱皿に入れ、たっぷりのシュレッドチーズをのせ、230℃のオーブンで7～8分ほど焼く。

P80

イクラの醤油漬け

材料（作りやすい分量）

鮭の筋子…300g

A
薄口醤油…大さじ3
みりん…大さじ1
酒…大さじ1

作り方

❶Aを合わせ、煮切っておく。

❷40℃程度の塩水（2ℓのぬるま湯に塩大さじ1程度）を準備し、ボウルに注ぎ、その中で筋子の薄皮を外す。お湯を何度か交換しながらきれいにする。

❸ほぐしたイクラに❶を入れ、一晩置く。

P96

酒粕入り豚汁

材料（2人分）→2日分くらい

豚肉…200g
大根…5cm
にんじん…1/2本
ごぼう…1本
こんにゃく…1/2枚
さつまいも…1/2本
長ネギ…1本
水…1ℓ
麺つゆ…大さじ2
味噌…大さじ2
酒粕…大さじ4～5

作り方

❶油（分量外）をひいた鍋で豚肉をさっと炒めてから、短冊切りにした大根とにんじん、ささがきにしたごぼう、ちぎったこんにゃく、厚めのいちょう切りにしたさつまいもを加えて炒める。

❷ ❶へ水を加え、麺つゆを入れ、煮立ったらアクをとりながら15分ほど煮込む。

❸小口切りした長ネギ、味噌、酒粕を溶かし入れ、味を確認して出来上がり。

P94

土鍋おでん

材料（2人分）→2日分くらい

じゃがいも…4個
大根…1/2本
焼き豆腐…半丁
こんにゃく…1/2枚
厚揚げ…1/2枚
ゆで卵…2個
タコ…100g
ちくわ…3本
ごぼう天…4本
銀杏串…4本
出汁…2～3ℓ

A
薄口醤油…大さじ4
みりん…大さじ4
酒…大さじ4

塩…少々

作り方

❶じゃがいもは皮を剥き、大根は2cmの輪切りにして、下茹でしておく。

❷土鍋に出汁を入れ温め、Aを加え、味をみて塩を加える。

❸ ❷に、じゃがいも、大根、焼き豆腐、三角に切ったこんにゃくと厚揚げ、ゆで卵、一口大に切ったタコを入れ、弱火で1時間くらい煮込む。

❹食べる直前に、半分に切ったちくわ、ごぼう天、銀杏串を追加し温める。

◎**メモ：**じゃがいもは茹でた後、少し冷ましておくと身がしまって煮崩れしにくいです。

P98

レンコンのすり流し

材料（2人分）

レンコン…100g
出汁…300mℓ
薄口醤油…小さじ 2
塩…少々
三つ葉…適量

作り方

❶レンコンをすりおろす。

❷鍋に出汁を入れ温め、❶を加える。

❸ ❷に薄口醤油、塩を入れて味を整え、器に入れ三つ葉をのせる。

P96

豚汁からのカレーうどん

材料（2人分）

残った豚汁
うどん…2 玉
カレー粉…大さじ 1 程度
片栗粉・水…各大さじ 1
長ネギ…1/2 本
麺つゆ…お好みの量

作り方

❶残った豚汁を火にかけ、どんぶり 2 杯になるくらいの水（分量外）を加え、麺つゆでお好みの味に整える。

❷ ❶にカレー粉、斜め切りにした長ネギを加え、片栗粉を水で溶いてゆるい餡に仕上げる。

❸温めたうどんをどんぶりに入れ、豚汁カレーをかける。

P112

赤紫蘇シロップ

材料（作りやすい分量）

赤紫蘇（葉っぱだけ）…300g
砂糖…440g
酢…360mℓ
水…1.5ℓ

作り方

❶大きな鍋に水を入れ沸騰させ、葉っぱだけにした赤紫蘇を入れる。

❷5～10分煮たら、赤紫蘇を取り出し、砂糖と酢を加える。

❸キッチンペーパーなどで濾す。

◎**メモ：**わが家のシロップは酸っぱめです。赤紫蘇シロップのために、お酢の小さな瓶360mℓタイプを買い、使いきってつくります。ジュースは、シロップと炭酸水、1：1で割ります。

P100

白子の昆布焼き

材料（2人分）

白子（真鱈）…100g
昆布…5×10cm程度を2枚
酒…大さじ1
塩…小さじ1/2
かぼす…適量

作り方

❶塩（分量外）を入れた氷水に白子を15分くらいつける。

❷酒に塩を入れた酒塩で、一口大に切った白子に下味を付ける。

❸アルミホイルにのせた昆布の上に❷をのせる。

❹トースターで20分ほど、うっすら焼き色が付くまで焼き、かぼすを絞っていただく。

◎**メモ：**食べるときにお好みで醤油をちろりとかけても美味です。

P119

いちごのロールケーキ

材料（天板 25×25㎝）

卵…4 個
砂糖…50g
小麦粉…50g
無塩バター…15g
油（太白胡麻油など）…大さじ 1
生クリーム…200㎖
砂糖（生クリーム用）…12g
いちご…5 ～ 6 個

作り方

❶天板にクッキングシートを敷いておく。

❷卵を卵白と卵黄に分け、それぞれに砂糖の半量を、2 回に分けて加えハンドミキサーで泡立てる。卵白はホイッパーで持ち上げてたれるくらいに。卵黄は白っぽくなりリボン状になるくらいに。

❸卵黄に卵白を 1/3 くらい加え、ゴムベラでさっくりと混ぜる。それを繰り返し、最後に小麦粉をふるい入れ、下からさっくりと「の」の字を書くようによく混ぜ合わせる。

❹ ❸へ溶かしたバターと油を加え、下からさっくりとよく混ぜ合わせる。

❺ ❶へ生地を流し入れ、平らにして、180℃に予熱したオーブンで 9 分半～ 10 分焼く。きつね色になり、竹串を刺してみて生地がくっつかなければ焼き上がり。クッキングシートのまま、天板から外し、ケーキクーラーなどで粗熱をとる。

❻生クリームと砂糖をボウルに入れ、氷水に当てながら角が立つまで泡立てる。生地の焼き面を上にし、巻き終わりの辺を斜めに切り取っておく。

❼クリームを手前のほうに多めにのせ、巻き終わりは 3㎝くらいあけておく。いちごを手前から 1 ～ 2㎝のところに並べ、巻き始めを少し立たせて（芯をつくるようなイメージで）クッキングシートを持ち、下に押さえつけずにまっすぐ前に動かすと自然と巻ける。

❽ラップに包み、冷蔵庫で冷やす。

◎**メモ：**卵を泡立てるときは卵白から。

P120

いちごのクラフティタルト

材料（タルト型 15㎝）

【タルト生地】

小麦粉…90g（アーモンドがなければ 100g）
アーモンド（またはアーモンドプードル）
…10g
砂糖…大さじ 2
塩…少々
油（太白胡麻油など）…大さじ 2
水…大さじ 1 ～

【クラフティ】

いちご…10 粒～
卵…1 個
牛乳…200㎖
砂糖…大さじ 2
ラム酒…大さじ 1
小麦粉…大さじ 2
バター…大さじ 1

作り方

【タルト生地】

❶タルト型に油（分量外）を薄くぬり、小麦粉（分量外）を薄くふるっておく。

❷ボウルに小麦粉、砕いたアーモンド、砂糖、塩を入れ混ぜる。

❸ ❷へ油を加え混ぜ、両手ですりすりして、全体をまんべんなく混ぜ合わせ、水をぐるりとかけ、生地をまとめる（まとまらなければ水を少しずつ足す）。

❹生地がなめらかになったら、ラップにのせ、めん棒で均一に縦横斜めと伸ばし、タルト型よりひと回り大きくする。

❺ラップごと持ち上げ、型にひっくり返してのせ、敷き込み、まわりの余った生地は手で押さえて切りとる。ラップを外し、タルト型のなみなみにそうように、生地を指で押して密着させる。

❻タルトの上にアルミホイルをのせ、タルトストーンをのせて 170℃に予熱したオーブンで 20 分ほど焼き、うっすら焼き色が付いたら型のまま、ケーキクーラーなどで粗熱をとる。

【クラフティ】

❶つくったタルトにいちごを敷き詰める。

❷ボウルに卵、砂糖、ラム酒を入れてよく混ぜる。

❸牛乳とバターを小鍋に入れ、沸騰直前まで温めたら❷へ少しずつ加え混ぜる。

❹ ❸へ小麦粉をふるい入れ、手早く混ぜ、タルトへ注ぎ入れる。

❺ 170℃に予熱したオーブンで 25 分～ 30 分焼く。

P124

甘酒トウファ
＆みかんソース

材料（作りやすい分量）

【トウファ】
豆乳…300mℓ
甘酒…100g
粉寒天…2g
きな粉
…お好みの量

【みかんソース】
みかん果汁
…作りたい量
砂糖…みかん果汁の
重量の 30%

作り方

【トウファ】
❶鍋に豆乳、甘酒、粉寒天を入れてよく混ぜ合わせ、火にかける。沸騰しそうになったら鍋を火から離しながら、あまり強く沸騰しないようにして粉寒天をよく溶かす（2分くらい）。

❷タッパーなどの容器に注ぎ、粗熱をとって、冷蔵庫で冷やし固める。

【みかんソース】
❶みかんの果汁を絞る。

❷鍋に果汁と砂糖を入れ火にかけ、かき混ぜながら半分のかさになるくらいまで煮詰める。

❸トウファを器に盛り、きな粉とみかんソースをかけていただく。

◎**メモ：**甘酒トウファは、きな粉と黒蜜でいただくのも◎。

P122

栗の渋皮煮

材料（作りやすい分量）

栗…1kg
砂糖…500g
重曹…小さじ 1×3
ラム酒…大さじ 1～

作り方

❶栗の渋皮を傷つけないように、鬼皮を剥き、すぐに水につける。

❷鍋に❶を入れ、ひたひたくらいの水（分量外）と重曹を入れ、弱火で 10 分くらい煮る。アクが出たらすくう。

❸ ❷の煮汁を捨て、栗を優しく洗う（鍋も洗う）。

❹栗に筋があれば、軽く取りのぞく。

❺手順❷、❸を 3 回ほど繰り返し、最後は水のみで沸騰後 5 分くらい茹でて重曹を抜く。

❻鍋に、栗と浸るくらいの水、砂糖を 2 ～ 3 回に分けて入れ、沸騰させてからキッチンペーパーなどで落とし蓋をし、弱火で 20 分くらい煮詰める。

❼ラム酒をお好きなだけ入れすぐに火を止める。

P156

マカロニサラダ カルボナーラ風

材料（2人分）

マカロニ…50g
ゆで卵…1個
マヨネーズ…大さじ4～5
塩、ブラックペッパー…各適量

作り方

❶刻んだゆで卵を、マヨネーズで和える。

❷ ❶に茹でたマカロニを加えて混ぜ、塩で味を整える。

❸器に盛って、ブラックペッパーをかける。

P154

こんにゃくソテー

材料（2人分）

こんにゃく…1/2枚
麺つゆ…大さじ1
長ネギ…適量
ごま油…適量

作り方

❶こんにゃくを厚さ5mmくらいの短冊に切り、ごま油をひいた強火のフライパンで、表面がこんがりするくらいまで焼く。

❷火を弱め、刻んだネギ、麺つゆを加え、さっと絡める。

P160

アボカドくるみ味噌

材料（2人分）

アボカド…1/2 個
くるみ味噌…大さじ１～
ブラックペッパー…適量

作り方

❶半分に切って種を取ったアボカドを縦半分に切り、さらに横斜めに 4 等分くらいにする。

❷ ❶を器に盛り、アボカドの種の穴のところへ、くるみ味噌を詰める。

❸ブラックペッパーをかける。

◎**メモ：**アボカドは一口サイズに横斜めに切っておくと食べやすい。くるみ味噌がなければ甘い味噌などで代用します。

P158

手羽中ソテー

材料（2人分）

手羽中…8 本
塩…適量
油…適量
柚子胡椒…お好みの量

作り方

❶手羽中に塩をして、油をひいた中火のフライパンに入れる。

❷しばらく触らずに焼き、こんがりとした焼き色が付いたら裏返す。

❸反対面もこんがりと焼き色が付くまで焼く。

❹器に盛り付け、柚子胡椒をお好きなだけ添える。

P172

ビーフシチュー

材料（22㎝ストウブ鍋）

牛スネ肉…200g
にんじん…1本
玉ねぎ…1個
しめじ…1パック
マッシュルーム
…1パック
トマトピューレ
…1瓶
赤ワイン…1本
ブーケガルニ…1束
生クリーム、塩
…各適量

作り方

❶鍋に、牛スネ肉、にんじんは皮付きのまま2cmの輪切り、玉ねぎはくし切り、しめじ、マッシュルーム、トマトピューレ、赤ワインを入れ、ブーケガルニを鍋の取手にくくりつけてコトコトと1〜2時間くらい煮込む。

❷トロトロと煮詰まってきたら、味をみて塩で整え、器に盛り付け、生クリームをまわしかける。

◎**メモ：**ストウブなどの厚みのある鍋がいいです。小麦粉もバターも使わないシンプルな作り方。
※元ネタは札幌にある「Lákura」のビーフシチュー。店主曰く、チョコレートを入れたりコーヒーを入れたりいろんなことをやったあげく、このシンプルなレシピに行きついたそう。人生と似ているね、と言っていて大共感！

P162

甘酒入りパプリカのマリネ

材料（2人分）

パプリカ…1個
にんにく…1片
甘酒…大さじ1/2〜1
白ワインビネガー…大さじ1
オリーブオイル…大さじ1

作り方

❶パプリカは半分に切り、トースターで皮が黒く焦げるまで10分ほど焼く。

❷皮が黒く焦げたパプリカを水にさらしながら、皮を剝く。

❸水気をとったパプリカを縦1cm幅に切り、おろしたにんにく、甘酒、白ワインビネガー、オリーブオイルで和える。

◎**メモ：**とろとろの甘酒でつくるのがポイント。

P178

ぜんまいのナムル

材料（2人分）

ぜんまいの水煮…100g
にんにく…1/4片
白ごま…小さじ1
麺つゆ…小さじ1～2
ごま油…小さじ1

作り方

❶ぜんまいは食べやすい長さに切る。

❷ ❶を、すりおろしたにんにく、白ごま、麺つゆ、ごま油で和える。

◎**メモ：**乾物ぜんまいの戻し方
鍋にぜんまいとたっぷりの水を入れ、水から5～10分弱火で沸騰させ、火を止めて、冷めたら水に入れなおして一晩置く。
※このレシピでは、この方法で戻したぜんまいを「ぜんまいの水煮」として使っています。

P177

かぼちゃくるみサラダ

材料（2人分）

かぼちゃ（小さめ）…1/4個
くるみ…大さじ1

A
マヨネーズ…大さじ2
バター…小さじ1
マスタード…小さじ1/2
塩…少々

作り方

❶かぼちゃを2cm角くらいに切り（皮はお好みで）、鍋に入れ、水1/2カップ（分量外）を注ぎ、中火で熱する。沸いてきたら弱火にし、蓋をして10分くらい蒸し煮、軟らかくなったらザルにあげ、鍋に戻して水分を飛ばしながらマッシュする。

❷ ❶を、Aで和え、最後に炒って刻んだくるみを混ぜる。

◎**メモ：**そのままおかずとして食べるのはもちろん、パンに塗って食べても美味しいです。

P180

食べるラー油

材料（作りやすい分量）

干した魔女の杖（ひも唐辛子）…15g
長ネギ…15cm
生姜…1片
にんにく…1片
干し貝柱…5g
桜海老…10g
花椒…小さじ1
白ごま…大さじ1
醤油…小さじ1
ごま油…100g
酒…適量

作り方

❶長ネギ、生姜、にんにくはみじん切りにし、魔女の杖は細かく刻む。

❷干し貝柱と桜海老は酒をふりかけ少し置き、みじん切りにする。

❸中華鍋などの深いフライパンにごま油を入れ、❶を香りが出るまで熱し、❷、魔女の杖、潰した花椒、白ごまを加えてさらに炒め、火を止め、醤油を入れたら出来上がり。

◎**メモ**：魔女の杖は辛さが絶妙で、辛すぎることなく物足りないこともなく、美味しく食べられます。

おわりに

「今日の晩ごはんはなんだろう」

子どものときの毎日の楽しみといえばこれでした。

夕方まで外で遊んでいると、母が団地の小窓から「ごはんやで～！」と顔を出すのが合図。いそいそと家に帰り、おなかペコペコで食べる美味しいごはんの時間は楽しくて仕方ありませんでした。

そう思うと、わたしの幸せはずっと変わっていなかったということです。


今は夫とふたりで、晩酌を生きがいに美味しいものをつくって食べる。

毎日の小さな幸せに、魂が喜んでいます。

ささやかな喜びが重なって、人生が豊かになっていくとしたら、わたしにとって美味しいものは、豊かさへの道しるべなのかもしれません。


そうそう、先日のヒットメニューは、サバ缶ポテサラです。

ポテサラをつくろうとしたら、ハムもベーコンもないことに気が付き、背水の陣にて誕生したメニュー。

わが家ではサバ缶の水煮をおつまみで食べるとき、オリーブオイルとレモンを絞っていただきます。そのイメージで、サバ缶ポテサラにもオリーブオイルをたら〜り、レモンを絞ると、なんとも爽やかな一品に。

「この組み合わせたまらない」と、うっとり目を細めるほどの幸せに浸りました。

そんなふうに美味しい幸せな時間を重ねて、毎日をつないでいきたいものです。

食べることに愛情を注ぐことは、楽しく生きることへもつながっていくんじゃないかな、なんて思っています。

ここまで読んでいただき本当にありがとうございます！

皆さまの美味しい毎日が、さらに味わい深いものとなりますように。

asako

asako

デザイナー。夫と２匹の白猫と築32年2LDKのマンションに暮らす。2019年よりYouTube「hibi hibi」にて、毎日のちょっとした楽しみや、暮らしの工夫など日々の動画を投稿。ものや時間との向き合い方、そのセンスが多くの人に支持され、登録者数は13万人を超える。『hibi hibi 自分がよろこぶ暮らしかた』（大和書房）など、著書も多数。

YouTube：hibi hibi

Instagram：@asako__kuma

hibi《ヒビ》 hibi《ヒビ》の台所《だいどころ》

2025年3月４日　初版発行
2025年4月30日　３版発行

著者／asako《アサコ》

発行者／山下　直久

発行／株式会社KADOKAWA
〒102-8177　東京都千代田区富士見2-13-3
電話　0570-002-301(ナビダイヤル)

印刷所／TOPPANクロレ株式会社

製本所／TOPPANクロレ株式会社

●お問い合わせ
https://www.kadokawa.co.jp/ （「お問い合わせ」へお進みください）
※内容によっては、お答えできない場合があります。
※サポートは日本国内のみとさせていただきます。
※Japanese text only

定価はカバーに表示してあります。

ISBN 978-4-04-607337-2　C0077